2022 悦来城市国际传播论坛

中共重庆市委常委、宣传部部长姜辉和中国外文局局长杜占元为悦来城市发展与国际传播研究院、中国外文局翻译院中西部分院、重庆国际传播学院、重庆陆海国际传播公益基金会揭牌

中国外文局同重庆市相关部门签署战略合作协议

中共重庆市委宣传部常务副部长
曹清尧主持论坛开幕式

当代中国与世界研究院院长
于运全主持大会演讲

复旦大学中国研究院院长
张维为作主旨演讲

中国人权研究会副会长
鲁广锦作主旨演讲

中共重庆市江北区委书记
滕宏伟作主旨演讲

中国网总编辑王晓辉
作主旨演讲

四川外国语大学校长董洪川作主旨演讲

分论坛一　城市即国际传播主体：政府·民间·KOL

分论坛二　城市即国际传播客体：社区·地理·人文

分论坛三　城市即国际传播载体：媒介·符号·故事

分论坛四　中国翻译家江北嘴对话：翻译助力城市国际传播

当代中国与世界

新时代国际传播理论与实践研究丛书

本书系国家社会科学基金重大项目“当代中国重要政治术语翻译与对外话语体系建设研究”的研究成果

中共重庆市委宣传部　当代中国与世界研究院◎编

城市与国际传播
——悦来城市国际传播论坛演讲录

CICG　重庆出版集团　重庆出版社　外文出版社　FOREIGN LANGUAGES PRESS

图书在版编目(CIP)数据

城市与国际传播：悦来城市国际传播论坛演讲录 / 中共重庆市委宣传部, 当代中国与世界研究院编. —重庆: 重庆出版社, 2023.5

ISBN 978-7-229-17569-6

Ⅰ. ①城… Ⅱ. ①中… ②悦… Ⅲ. ①城市学—传播学—文集 Ⅳ. ①C912.81-53②G206-53

中国国家版本馆 CIP 数据核字(2023)第064064号

城市与国际传播——悦来城市国际传播论坛演讲录

CHENGSHI YU GUOJI CHUANBO

—YUELAI CHENGSHI GUOJI CHUANBO LUNTAN YANJIANG LU

中共重庆市委宣传部　当代中国与世界研究院　编

责任编辑:吴　昊　谭翔鹏

责任校对:何建云

装帧设计:夏天　愚人码字

重庆出版集团
重 庆 出 版 社　**出版**

重庆市南岸区南滨路162号1幢　邮政编码:400061　http://www.cqph.com

重庆出版社艺术设计有限公司制版

重庆市联谊印务有限公司印刷

重庆出版集团图书发行有限公司发行

E-MAIL:fxchu@cqph.com　邮购电话:023-61520646

全国新华书店经销

开本:787mm×1092mm　1/16　印张:13　字数:200千

2023年5月第1版　2023年5月第1次印刷

ISBN 978-7-229-17569-6

定价:45.00元

如有印装质量问题,请向本集团图书发行有限公司调换:023-61520678

《城市与国际传播——悦来城市国际传播论坛演讲录》编委会

总　序

深化新时代国际传播理论与实践研究
向世界展示真实立体全面的中国

中国外文局局长　杜占元

国际传播能力是综合国力的重要体现，加强国际传播能力建设是事关大国全球话语权和影响力提升的重大战略任务。党的十八大以来，以习近平同志为核心的党中央高度重视国际传播工作，习近平总书记就加强我国国际传播能力建设发表一系列重要讲话、作出一系列重要论述，将我们党对国际传播工作的规律性认识提升到新的高度。2021年5月31日，中共中央政治局就加强我国国际传播能力建设进行第三十次集体学习，习近平总书记在主持学习时发表重要讲话，进一步明确了新时代国际传播工作的时代使命和目标任务，对全面加强和改进国际传播工作、构建具有鲜明中国特色战略传播体系作出战略部署，并专门强调要加强国际传播的理论研究，掌握国际传播的规律，构建对外话语体系，提高传播艺术，为新时代国际传播工作提供了根本遵循。

当前，受多重因素影响，世界百年未有之大变局加速演进，中国与世界的关系正在发生根本性变化，信息技术革命引发的全球传播格局和舆论生态变革加速推进，我国国际传播工作正处于新的关键时期。一方面，我国国际传播领域面临一系列新的时代议题和具有基础性、战略性、前瞻性的重大问题，需要我们从理论层面持续深化研究，予以科学解答；另一方面，近年来我们围绕增强国际传播能力开展了许多有益探索和实践，需要通过系统总结形成新的规律性认识，以紧跟时代步伐、引领实践创新。同时，国际传播作为具有很强实践性的专业学科，需要进一步增强理论与实践相结合的应用研究，汇聚各方面的新观点、新思维，在国际传播理论研究上取得重大创新、重要突破。

在这一背景下，中国外文局所属当代中国与世界研究院、外文出版社、朝华出版社等精心策划编辑的“新时代国际传播理论与实践研究”丛书，现在与广大读者见面了。作为中国外文局重点出版项目，这套丛书以习近平新时代中国特色社会主义思想为指导，扎根于新时代各战线开展国际传播的创新探索、丰富实践，聚焦国内外国际传播领域理论前沿，紧扣当前国际传播工作重点难点，汇聚权威专家学者、资深业界人士等高质量成果，旨在为国际传播领域科研、教学、培训、实务等各界提供参考借鉴。

丛书内容丰富，涵盖了国际传播理论与实践研究的各重要领域，从习近平新时代中国特色社会主义思想对外宣介、对外话语体系创新、国际传播理论、国际传播人才培养、传播策略和传播效能、国际传播领域新技术、地方国际传播能力建设等方面，总结实践经验，持续深化对国际传播系统性的学理研究。第一辑首批推出了《新时代治国理政对外传播研究》《新时代对外话语体系建设实证研究》《从形象到战略：中国国际传播观察新视角》《新形势下国际传播的理论探索与实践思考》4种著作。接下来，我们将持续汇聚更多知名学者和研究力量，共同开展这项具有重大意义和深远影响的理论研究工作，推出更多高质量成果。

中国外文局是承担党和国家对外宣介任务的国际传播机构，70多年来，用几十种语言向国际社会讲述中国故事、传播中国声音、促进中外人文交流和文明互鉴。新阶段新征程上，我们正在以习近平总书记致中国外文局成立70周年贺信精神为指引，奋力建设世界一流、具有强大综合实力的国际传播机构。我们衷心期待，在社会各界关心关注、共同努力下，进一步发挥国际传播研究优势和智库特色，将“新时代国际传播理论与实践研究”丛书打造成为汇聚各方智慧、交流借鉴提高的平台，持续推出服务理论研究、实际工作、人才培养的经典好书、精品力作，为引领国际传播创新发展发挥积极作用，为展示真实立体全面的中国提供学理支撑和实践指引，为中国走向世界、世界读懂中国作出新的更大贡献。

前 言

为贯彻落实习近平总书记关于国际传播工作重要论述和外宣“三重”战略任务，近年来，重庆市结合地方外宣工作职责和城市功能，积极开拓国际传播工作路径，在实践基础上进行了一系列探索创新，自 2018 年以来，逐步创造性地提出了城市国际传播理念。

2018 年 6 月，重庆国际传播中心成立，8 月在纽约联合国总部举行了旗下 iChongqing 网站的上线仪式。迄今，iChongqing 已成为重庆的重要国际传播平台。

2019 年 11 月 7 日，重庆市政府新闻办、重庆日报报业集团在重庆举办“2019 悦来国际传播论坛”，就地方新闻媒体如何开展国际传播，以及与中央媒体、国际主流媒体开展合作传播进行探讨，话题集中在如何更好地通过国际传播推介城市。

2021 年 3 月 26 日，重庆市政府新闻办与清华大学新闻与传播学院在北京举办“2021 悦来城市传播研讨会”，邀请北京大学、清华大学、中国人民大学等高校的知名专家和青年学者探讨城市在国际传播中的作用。重庆市政府新闻办介绍了将城市作为国际传播主体、客体、载体推动工作的情况，并确定委托清华大学新闻与传播学院专家开展相关课题研究，中宣部国际传播局和清华大学相关领导出席并讲话。

2021 年 9 月 27 日，重庆市政府新闻办在中国外文局举办的第七届全国对外传播理论研讨会上正式对外公开介绍了“三位一体”的城市国际传播理念，强调城市是国家战略传播体系的重要方面，城市叙事是中国叙事的重要方面，倡议大力创新和发展城市参与、城市受益、城市承载的国际传播。这一观点还进一步阐述，城市是国际传播工作的主体，应承担主体责任，履行地方外宣工作职责；城市是国际传播工作的客体，应满足客体需求，将对外宣传与对外开放、国际传播与城市发展相融合，提升城市形象和国际影响力；城市是国际传播工作的载体，应发挥载体功能，以城市作为中国主张、中国智慧、中国方案的具体承载、生动实践，通过城市哲学、城市美学、城市价值呈现可信可爱可敬的中国形象。同年 10 月，重庆市政府新闻办在第二届中国广电媒体融合发展大会期间举行的媒体融合与国际传播能力建设峰会上再次介绍相关情况。

2022 年 7 月 28 日，由中共重庆市委宣传部（重庆市政府新闻办公室）、中国外文局当代中国与世界研究院等主办的“2022 悦来城市国际传播论坛”在重庆举办，论坛以“城市与国际传播”为主题。中国外文局局长杜占元，中共重庆市委常委、宣传部部长姜辉出席并致辞。复旦大学中国研究院院长张维为教授，中国人权研究会副会长鲁广锦教授，中共重庆市江北区委书记滕宏伟，中国网总编辑王晓辉，四川外国语大学校长董洪川教授作大会演讲。中共重庆市委宣传部常务副部长曹清尧、当代中国与世界研究院院长于运全分别主持开幕式和主论坛。来自部分省（自治区、直辖市）党委宣传部、高校、智库、社会组织等相关负责人和专家学者共 100 余人参加会议。“2022 悦来城市国际传播论坛”包括主论坛和四个平行分论坛。主论坛与会专家学者围绕“城市与国际传播”主题，交流探讨了城市如何发挥国际传播作用、城市发展需要怎样的国际传播、城市怎样开展国际传播、如何推动城市积极融入国家战略传播体系。分论坛分别围绕“城市即国际传播主体”“城市即国际传播客体”“城市即国际传播载体”和“翻译助力城市国际传播”等分主题进行。在开幕式上，杜占元、姜辉同志为悦来城市发展与国际传播研究院、中国外文局翻译院中西部分院、重庆国际传播学院、重庆陆海国际传播公益基金会揭牌。

本书收录了“2022 悦来城市国际传播论坛”上领导、专家、学者的演讲实录，既是本次论坛的成果体现，也是近年来重庆市、中国外文局和相关各方在推动地方国际传播领域探索创新的成果。

近者悦，远者来。希望悦来城市国际传播论坛能为推动我国国际传播工作，促进国际间城市交流，不断创新发展和迭代升级城市国际传播作出贡献。

编　者

2023 年 3 月

目录

第一章

中国话语体系下的城市与人

二百多年来，西方发达国家在现代化进程中，顺序经历了工业化、城市化、农业现代化、信息化的“串联式”发展过程，逐步形成了纽约、伦敦、东京、巴黎等世界级城市。迄今，全球大大小小城市发挥着创造和传播人类现代文明的重要作用。那些富有个性和感染力的城市，以及生活于其中的一个个鲜活的人，蕴藏着城市所特有的城市美学、城市哲学、城市价值，构建着全人类共同价值下的个体话语，承载着超越不同文明而给人以深刻印象和影响的城市形象乃至国家形象。

在中国，我们要把“失去的二百年”找回来，决定了中国式现代化必然是一个工业化、信息化、城镇化、农业现代化叠加发展的“并联式”过程。如今，京津冀、长三角、粤港澳已成为世界级城市群。我国还制定了到 2030 年将成渝城市群建设成为世界级城市群的规划，并将建设成渝地区双城经济圈纳入了国家战略。

有学者观点认为，城市的本质是社会制度下的人造环境，城市也是理解“技术、经济、社会具体互动”的重要层次之一。那么，中国城市就是中国特色社会主义制度下，中国共产党带领人民创造的人民城市。人民城市人民建、人民城市为人民，读懂了这样的中国城市，就能读懂中国式现代化，读懂中国人权观，读懂社会主义中国所创造的人类文明新形态。可以期待，未来中国四大世界级城市群格局的全面形成，必将为人类文明交流互鉴、全球经济互联互通注入新的内涵与活力，这就应是国际传播视域下的中国城市叙事。因此，本次论坛希望就“城市国际传播”内涵，以及城市在国际传播中的主体、客体、载体“三位一体”作用进行探讨。

加强国际传播的研究与探索
构建与城市发展互动共生的国际传播体系

中共重庆市委常委、宣传部部长　姜　辉

党的十八大以来，以习近平同志为核心的党中央高度重视国际传播工作。习近平总书记就新形势下加强和改进国际传播工作多次发表重要讲话，作出重要指示批示。在党的十九大报告中，习近平总书记强调要推进国际传播能力建设，讲好中国故事，展现真实、立体、全面的中国。2021 年 5 月 31 日，习近平总书记主持召开中央政治局第三十次集体学习，强调讲好中国故事，传播好中国声音，展示真实、立体、全面的中国是加强我国国际传播能力建设的重要任务。2022 年 5 月 27 日，习近平总书记主持召开中央政治局第三十九次集体学习，强调要立足中国大地，讲好中华文明故事，向世界展现可信、可爱、可敬的中国形象。这些重要论述，为我们进一步做好新时代国际传播工作指明了方向，提供了根本遵循。

为深入贯彻落实习近平总书记关于国际传播工作的重要论述，以实际行动讲好中国故事、传播好中国声音，在中国外文局的大力支持下，重庆市委宣传部、当代中国与世界研究院决定发起举办悦来城市国际传播论坛。论坛旨在搭建平台，聚集海内外相关领域学界、业界人士和各类型优秀城市的管理者，共商城市如何发挥国际传播作用、城市发展需要怎样的国际传播、城市应该怎样开展国际传播；同时，致力于推动不同国家和地区间城市的交流合作，架设起不同文明交流互鉴的桥梁，让城市成为五湖四海的人们的生活共同体，以城市的力量坚守和平、发展、公平、正义、民主、自由的全人类共同价值，共建城市发展共同体，共建人类命运共同体。

2022 年，论坛的主题是“城市与国际传播”。一座现代化的城市，往往能折射出一个国家发展进步的历史进程，承载着一个民族薪火相传的文明基因。在今天，中国的城市大多都面临着国际化或参与国际交流交往的现实课题，应当将制度优势、组织优势、人才优势转化为传播优势。在城市开展国际传播，我们应当坚持以习近平新时代中国特色社会主义思想为指导，深学笃用习近平总书记关于国际传播工作的重要论述，加强国际传播理论研究，加快构建与城市建设发展相关的中国话语和中国叙事体系，持续推动对外宣传与对外开放相融合、国际传播与城市发展相融合。

重庆是中西部地区唯一的中央直辖市。习近平总书记要求重庆，在推进新时代西部大开发中发挥支撑作用，在推进共建“一带一路”中发挥带动作用，在推进长江经济带绿色发展中发挥示范作用。2020 年 1 月，习近平总书记主持召开中央财经委第六次会议，作出推动成渝地区双城经济圈建设的重大决策部署。重庆市委高度重视、全面推进国际传播工作。市第六次党代会报告提出，要建设西部国际传播中心，扩大对外文化交流和对外宣传，讲好中国故事、传播重庆声音。重庆市“十四五”规划提出，要建设西部国际传播中心，实施城市营销行动，增强国际传播能力。

近者悦，远者来。当前，重庆正沿着建设国际化、绿色化、智能化、人文化现代城市的发展方向，努力建设与发挥“三个作用”相适应，与成渝地区双城经济圈建设相匹配，与推动陆海内外联动、东西双向互济相融合，具有较强辐射带动作用的区域性国际传播中心。同时，作为中欧班列的重要策源地、陆海新通道的重要策源地和运营组织中心，重庆愿携手全球城市伙伴，共谋陆海联动，共享城市建设发展更加美好的未来。真诚希望各方领导继续关怀指导，各省市同人继续大力支持。我们将进一步履行好地方外宣职责，加强和改进国际传播工作，推动重庆成为一座连接海洋文明和大陆文明交流互鉴、促进海上贸易和陆上贸易互联互通的未来陆海之城。

守正创新，服务大局，推动城市国际传播实现新突破

中国外文局局长　杜占元

在人类文明的进程中，城市养育了芸芸众生、悠悠万民，创造了五彩缤纷的人居生活与人生百态，形成了独具特色的城市文化景观。当今时代，城市形象的塑造与传播，成为国家战略传播体系的重要组成部分，在对外展示中国治理成就和中华文化魅力中发挥着不可替代的作用。

2021年5月31日，习近平总书记在关于加强和改进国际传播能力建设的重要讲话中明确指出，各地区各部门要发挥各自特色和优势开展工作，展示丰富多彩、立体生动的中国形象。这为我们加强城市国际传播指明了发展方向，提供了根本遵循。今天我们共聚于此，围绕城市国际传播的研究与实践展开深入探讨，具有重要意义。

就此，我谈几点认识，与大家分享。

第一，中华文化是讲好中国城市故事的底色。城市是人的聚合，是人类社会发展的文明结晶。向世界讲好中国城市故事，要根植于源远流长、历久弥新的中华文化，展现城市独有的历史脉络与城市性格。近年来，中国外文局策划出版了大型城市传记丛书《丝路百城传》，旨在深入发掘中外丝路名城深厚的人文底蕴，通过讲好城市故事推动文明交流互鉴，在国内外引起广泛反响，国外许多媒体、学者、大使、政要乃至国家元首都对该丛书给予了高度关注。这充分证明，以城市为主题的国际传播能够引起跨越国界、民族、文化、宗教的

广泛共鸣。中国有3500余年的建城史，有一批底蕴深厚的历史文化名城；新中国成立以来特别是改革开放以来，不断深入的城市化进程又书写了各地城市发展的新篇章，为城市文化注入了新的时代精神。斑斓多姿、各具风采的不同城市，既是各地历史、文化的见证者和承载者，也是当代中国开拓进取的鲜活样本，可以说，每一座城市都蕴藏着内涵丰富的中华文化，蕴藏着生机勃勃的中国故事和中国人追梦圆梦的故事，为读懂中国提供了一种独特的视角。

第二，创新思维是扩大城市品牌影响力的引擎。互联网的普及、智慧城市的建设让城市更加智能，也让城市传播有了更加丰富、便捷的方式。近年来，中国外文局创立了“第三只眼看中国”国际短视频大赛等品牌活动，组织国外网红、青年等深入中国各地实地走访体验，创作出一批表达生动、传播力强的短视频等新媒体传播产品，其中一些还成为“爆款”。这充分证明，创新内容生产和传播方式是提升城市品牌影响力的有效手段。据统计，截至2021年底我国城市数量达687个，其中超过百万人口的城市数量达110多个，与美国和欧洲百万级人口城市总数相当。全国城市人口已超过9亿，城市生产总值占全国生产总值比重接近90%。全球49.5亿的网民大多生活在城市。这些都为我们创新城市国际传播提供了广阔空间。身处信息传播互联互通、智能应用方兴未艾的时代，城市国际传播领域要积极顺应移动化、社交化、可视化、智能化的趋势，通过不断创新、融合发展讲好城市故事、展示城市风采，努力让互联网这个最大变量变成城市国际传播中的最大增量。

第三，开放协作是提升城市国际传播效能的钥匙。在全国多主体、立体式的大外宣格局中，各地方特别是各城市是极具活力的国际传播主体。各地各城市通过建设地方国际传播中心，涵养当地对外交往人脉，主办国际人文交流活动，强化与国外友城合作等方式参与国际传播，不断丰富国际传播形态与路径，展示生动、立体、全面的中国城市形象。基于各地丰富的国际传播实践，顺应各地提升国际传播效能的迫切需求，及时开展经验交流、推动资源共享、建立协作体系，是新时代城市国际传播提质增效的必要途径。中国外文局非常高兴与重庆的外宣同人共同搭建了悦来城市国际传播论坛，希望能够通过这个平台汇聚各方力量，共同助力城市国际传播迈上新台阶。

建构全面、透彻、强势的中国话语体系

复旦大学中国研究院院长　张维为

一、建构全面、透彻、强势的中国话语体系

国际传播能力的提升应该体现在中国自己话语体系的形成，体现在确立中国人自己对中国和世界的主流叙事。我一直主张我们要建构全面的、透彻的、强势的中国话语体系。所谓“全面”，指的是我们的话语要能够解释中国的成绩、经验和未来；所谓“透彻”，就是要把大家关心的各种问题讲清楚；所谓“强势”，就是要强势回应西方话语的挑战，西方指责中国的话语属于强势而又浅薄的话语，我们有必要予以强势的回击。

我们已经形成了自己的官方话语，这对中国确立道路自信、理论自信、制度自信和文化自信十分重要。但是仅有官方话语是远远不够的，因为西方今天对中国的话语“围剿”既是官方话语的“围剿”，也是学术话语的“围剿”，还是大众话语和国际话语的“围剿”。如果我们仅靠官方话语回应，将难以应对西方话语对中国的全面挑战。我们必须通过大量的原创性研究，扎扎实实地解构西方话语，建构中国话语体系，逐步建成习近平总书记所说的“融通中外”的话语体系，同时在国际传播过程中打好学术话语、大众话语、国际话语的组合拳。

从总体上看，学术话语比较中性，有利于我们与世界各国的知识和政治精英进行沟通，有利于我们从源头上解构西方话语，建构中国话语；大众话语比较接地气，有助于民众接受；国际话语亦十分重要，我们要以外部世界能够听

得懂的话语与外部世界打交道。总之，我们要通过自己的话语建设，再加以有效的国际传播，从根本上动摇西方话语对中国和世界的主流叙事，确立中国人自己对中国和世界的主流叙事。

二、如何建立中国话语体系，如何打好不同话语的组合拳

我以“文明型国家”作为案例，来说明这个问题。

2021 年 11 月，芒克论坛邀请我对话，主题是“文明型国家”。2022 年以来，我们先后和俄罗斯、印度、巴基斯坦等国家的智库学者对话，主题也是“文明型国家”。不久前，香港回归 25 周年纪念，香港外国记者会邀请我演讲互动，主题是“文明型国家与民主和香港的未来”。2022 年 5 月，美国《国家利益》杂志刊文《文明型国家的魅力》，聚焦同年 4 月在纽约举行的主题为“文明型国家与自由主义帝国——两者是否终将碰撞?”的研讨会。文章认为，一种悄然形成于中国和俄罗斯的“文明型国家”论述已开始危及西方主导的自由主义世界秩序。这次会议除了有学者参加外，美国前政府多位高官也与会发言。文章称“文明型国家”叙事公开蔑视西方“在世界范围内大行其道的自由主义范式”，已经在非西方世界产生了相当的影响，而且对西方世界内部的左右两翼也产生了影响。文章提到研讨会给“文明型国家”概念的提出者张维为发了邀请，但他没有接受。其实我没有收到他们的邀请，不然我倒是愿意通过视频与他们分享我的看法。

总之，文明型国家概念已经走出学术象牙塔，成为一种比较全面、比较透彻、比较强势的话语，正在成为对全球政治叙事和战略选择产生相当影响的某种“显学”。英国记者作家阿里·鲁西诺斯（Aris Roussinos）甚至模仿《共产党宣言》的开篇这样写道：“一个幽灵正在自由主义的西方徘徊：‘文明型国家’的崛起。”十多年来，我先后出版了三本专著论述“文明型国家”，也可以算是十年磨一剑了，其中《中国震撼：一个“文明型国家”的崛起》销量过

200万，被译成十来种文字，在国内外都产生了相当影响。

这个理论框架的全面性体现在它对中国和世界的某种整体把握，比方说，我提出文明型国家的四“超”特征，超大型的人口规模，超广阔的疆域国土，超悠久的历史传统，超丰富的文化积淀，其中每一项都是古代与现代的融合。它的透彻性体现在它基本确立了中国崛起和中国制度安排的底层逻辑。比方说中国共产党的合法性源于自秦始皇统一中国以来所形成的中国统一执政集团的传统，中国共产党是这种传统的延续和发展。它的强势性在于它对西方政治话语在某种意义上是“降维打击”，文明型国家的现代性在许多方面明显高于西方民族国家的现代性。

从学术话语层面来看，国际学术界从文明角度审视世界并非新鲜事，从斯宾格勒的《西方的没落》、汤因比的《历史研究》到亨廷顿的《文明冲突与世界秩序的重建》都是文明研究的经典著作。但西方主流学者从未深入关注过古老文明与现代国家融合的可能，而我经过对中国现代化进程，特别是中国模式的长期研究，包括实地走访100多个国家，通过对不同文明、不同国家的广泛考察和比较，得出了一个慎重的结论，即中国已经通过不断探索，成为一个把数千年没有中断的古老文明与一个超大型现代国家结合起来的国家，并在许多方面实现了对西方的超越。我把这样的国家定名为“文明型国家”，以区别于西方学术界长期占主导的“文明-国家”话语，其经典的表述就是美国政治学者白鲁恂（Lucian Pye）所说的中国是“一个伪装成（现代）国家的（古老）文明”。我在20世纪80年代中期就与白鲁恂教授有过多次接触，他一直认为，由于中国古老文明的影响，中国不可能形成包括现代政治、现代经济、现代社会在内的现代国家，当然他信奉的是“西方中心论”，笃信现代国家只能是“民族国家+西方民主政体”这种显然已经落伍的标准。

我于2010年正式提出“文明型国家”命题，强调中国首先是一个现代国家，但它的现代性中融入了自己许多悠久文明的传承，这使中国在许多方面实现了对西方的超越。“文明型国家”原创性研究基础上形成的学术话语，是学理层面的、基础理论层面的重要突破。

从大众话语层面来看，我提出“良政还是劣政”范式超越“民主还是专制”范式，“民心”和“民意”结合超越光是依靠“民意”，“选拔+选举”模式超越仅依靠选举的模式；自由与自律的平衡比西方的绝对自由观更具有现代性，等等，其实都是力求通过融通中外，形成一系列从专家学者到普通大众都能理解的核心概念。

至于国际话语，我首先想到的是“文明型国家”英文应该如何表述。我最早想到的是“Civilizational State”，但从当时可以查到的《新英汉大辞典》《牛津百科大辞典》等大型工具书来看，英国英语中还没有 Civilizational 这个词，只有 Civilized，学过英文的都知道 Civilized 的本意是“开化的”，它的对应词应该是“野蛮的、愚昧的”等，这显然不是我要表述的意思，我想用的“Civilizational State”，它的对应词是“民族—国家”。我认为唯有包含人口、地域、传统、文化等元素的 Civilizational 这个词才能更为准确地表达我的意思，而且重点必须落在现代国家上，“文明型”只是修饰词，我就这样用了。“Civilizational State”这个英文概念提出后，敏感的英国主流媒体很快就意识到这个概念对西方“民族—国家”话语可能是一种“降维打击”。2012 年英国牛津大学举办了《中国震撼：一个“文明型国家”的崛起》英文版发布会暨研讨会，英国《观察家》杂志随即发文挖苦调侃这个概念，文章的标题是“一个（使西方）文明化的使命”，副标题是“世界最悠久的文明准备开始给西方国家上课了”。

但随着时间的推移出现了两个有趣的现象：一是十多年前，西方对于“文明型国家”话语基本持调侃挖苦的态度，而今天他们的主流媒体，从《经济学人》到《纽约时报》杂志都在惊呼，“文明型国家”叙事已经扩展到越来越多的非西方国家，甚至扩展到西方国家内部。二是今天除了学术界，在全球主流政治叙事中“文明型国家”“文明—国家”这两个概念几乎可以通用了。今天看来，这也是可以接受的。

随着非西方世界的崛起，特别是欧亚板块大国的崛起，俄罗斯、印度、土耳其等国家也开始称自己为“文明型国家”，尽管定义存有争议，但他们的主张中似乎有一个共同主题，那就是他们都极为反感西方对他们内政的干涉，反感西方居高临下的说教，他们给西方传达的信息很简单：我们是独特的文明，请尊重我们，先管好你自己。

据英国学者克里斯托弗·考克尔（Christopher Coker）考证，俄罗斯普京总统于 2013 年首次使用“文明型国家”概念，普京的意思很明确：俄罗斯是一个由俄罗斯人民、俄罗斯语言、俄罗斯文化、俄罗斯东正教和该国其他传统宗教共同加固的文明型国家。印度大致从 2014 年开始使用“文明型国家”概念。最近几年，印度总理莫迪、外长苏杰生等许多高官也开始称印度是“文明型国家”，但印度学界和媒体对这个概念的争论一直没有中断。印度人还有一种凡事要与中国比一比的心态，印度学者康拉德·埃尔斯特（Koenraad Elst）在 2014 年就撰文指出，印度需要一本自己的类似《中国震撼：一个“文明型国家”崛起》这样的著作，以确立印度作为文明型国家的理论。

文明型国家话语在西方内部产生了不小的影响。2020 年法国总统马克龙在一次内部会议上对法国驻外使节说了这么一番话：中国、俄罗斯和印度现在不仅是（我们的）经济对手，同时他们也是“真正的文明型国家”……显然马克龙也希望把欧盟打造成一个“文明共同体”，甚至文明型国家，当然，我认为他只能是心有余而力不足。

总之，“文明型国家”论述正在成为国际政治叙事中的某种“显学”，值得关注。我也通过这个例子来说明，通过扎扎实实的原创性研究，并通过有效的国际传播，中国话语可以影响世界。我们带头在国际上确立了中国人的“文明型国家”叙事，向全世界推出了一整套经得起全方位国际比较的中国标准，这就是我讲的，让“中国学”回到中国，确立中国人自己对中国、对西方、对整个外部世界的主流叙事，把许多被颠倒的事情颠倒过来，让原创的“中国学”研究成果和中国话语走向世界、引领世界！

城市与人的全面发展

中国人权研究会副会长　鲁广锦

从更广泛的意义上讲，城市人权是城市国际传播很重要的一项内容，也是当今传播迫切需要加强、改进、不断向前推进的一项重要工作，城市恰恰在这方面扮演了很重要的角色，发挥了十分重要的作用。

在人类社会发展历史过程中，城市的发展与人权的发展是人类文明进步非常重要的标志和成果。城市使得人类的活动更加集中，使得人类的需求变得更加可能实现，同时也使人得到了更加充分的发展。而人更加充分的发展反过来又推进了城市的进步和发展。

人民幸福生活是最大的人权，这是习近平总书记关于当代中国人权理论最有建树和最具创新性的一句话。城市承载着人类对美好幸福生活的向往，也是追求美好幸福生活的愿望最易得到实现的场所。人类的政治、经济、社会、文化等各项活动在城市活动中得到了最直接、最易于被人们感受到的体现。相对于乡村，城市提供的各方面的优势更加明显。从人权的角度来讲，城市是人类实现经济、社会、文化以及公民权利和政治权利各项基本权利的一个重要载体。

我们知道，马克思主义人权观最高的境界是促进人的全面自由发展，马克思和恩格斯在《共产党宣言》中对未来社会联合体社会最高形态的人进行了充分论述。多年来，特别是改革开放以来，我们走了一条在发展中保障和促进人权的路子。党的十八大以来，习近平总书记坚持马克思主义人权观，把尊重和保障人权作为治国理政一项重要的工作，就促进各项人权发展，促进人的全面发展，发表了一系列非常重要的论述。特别是2022年2月25日中共中央政治局举行第三十七次集体学习，习近平总书记专门就如何尊重和保障人权，走好中国人权发展道路做了重要的讲话。在我们党的历史上有“两个第一次”：政治局就人权道路话题进行学习是第一次，党的总书记专门就尊重和保障人权做了全面的讲话、全面的阐述是第一次。这次政治局集体学习和习近平总书记的重要讲话，在党的历史上，在新中国发展的历史上，都是需要大书特书的。我多年从事这项工作，深深感受到今后人权事业发展有了一个遵循，有了一个指向。

习近平总书记特别强调，呵护人的生命价值尊严，实现人人享有人权是人类社会的共同追求，习近平总书记从人类社会共同追求的角度来看待人权。尊重和保障人权是中国共产党人的不懈追求，明确了我们党是尊重和保障人权的政党。2021年底习近平总书记在给“南南论坛”的贺信中又明确说，中国坚持人类命运共同体，把人类命运放在首位，以发展促进人权，推进全过程的人类命运共同体，促进人的全面自由发展。习近平总书记关于人权论述中促进人的全面自由发展是他人权思想最高的表达，与马克思、恩格斯在《共产党宣言》中关于每个人的自由发展是所有人发展的条件等众多的阐述是十分吻合的，这也是中国共产党人坚持马克思主义人权观最集中的体现。

城市是促进各项人权全面发展，实现人的自由全面发展的重要载体，因为人是城市的主体，是城市发展的中心，也是城市中最活跃的因素。人们之所以要到城市里面是因为在城市求学、工作、生活非常方便，城市在这些方面都提供了更多机会和发展的空间，能够使人更加有尊严地生活，身体更加康健，也更加有安全感，充满了对未来的美好向往。城市能够在这些方面使人有更加广阔、平等、自由的空间。使人民平等参与、平等发展、平等享有更加成为可能。

同时，城市化促进各项人权的全面发展，为实现人的自由发展提供了有利途径。城镇化是一个必然的趋势，我们国家自改革开放以来，城市化飞速前进。正如杜占元局长指出的，现在城市创造的 GDP 已经接近 90%，50% 以上的人口生活在城市，有人预测在不久的将来城市人口可能要达到 70%，为实现人的自由全面发展创造更好的条件。

城市化的进程，人的全面发展的水平不断提升是一个整体过程，中国人权事业的进步，中国人权不断实现全面的发展与中国城市化进程相一致、相协调。联合国有一个人类发展指数用来衡量一些国家的发展水平，通过三项指标——预期寿命、受教育水平、生活资本——得出哪些国家处于高人类发展指数，哪些国家处于中人类发展指数，哪些国家处于低人类发展指数。我们国家 1990 年人类发展指数处于低位，1999 年的时候已经进入中等人类发展水平组，2015 年进入高等人类发展水平组，2022 年仍然处在高等人类发展水平组，从 1990 年的 0.499 到今天的 0.761 是一个质的飞跃和跨越。今天中国人均寿命已经达到了 78.3 岁，人均寿命在城市更能够得到良好的体现，城市的人的寿命显著高于农村的人的寿命。中国人类发展指数的进步与城市化发展水平相一致、相协调，是共进的，说明发展给我们带来的巨大利益，使得中国人民的发展权得到了更好的保障。

我们也要看到，当今城市发展仍然存在很多问题，有人说城市病，尤其是近几年得到联合国等许多国际组织的高度重视，我们国家也高度重视，习近平总书记代表中国政府提出了碳排放、碳中和的指标，里面寓意深刻，体现了人类可持续发展是一条未来选项不二的必须走的道路。在可持续发展中怎么实现人的全面发展也是未来人权话题中需要更好做研究和探讨的。

重庆是一座蓬勃发展、充满活力、环境优美、宜于居住的城市，也是一座文化悠久、历史底蕴深厚的城市。我多次来这里，每次来都被这个城市深深吸引，为这个城市的变化所感动，为这里的人民所折服。重庆人民生活幸福指数位于全国前列，这是多年发展形成的，它的自然环境、人文环境、社会环境真正体现了追求人的自由全面发展的逻辑。相信今后在中华民族伟大复兴目标日益接近的过程中，各项发展水平必将得到更好的提升，重庆人民幸福的指数也会得到更大的提升。用现在时髦的话说，人民幸福感、安全感、获得感会大幅增强，这些恰恰是人权的题中应有之义。

树立经营城市理念　加快建设近悦远来的现代城市

中共重庆市江北区委书记　滕宏伟

很高兴与各位相聚在悦来城市国际传播论坛。论坛以“悦来”两个字冠名，这正与江北区追求的“近悦远来”目标高度一致，也希望通过此次交流，一起分享江北城市建设的故事，探讨现代城市发展的方向，共同书写“城市让生活更美好”的新篇章。

这里，我先向大家简要介绍一下江北，概括起来是三句话。第一句：两江交汇地，都市核心区。江北辖区面积 220.8 平方公里，长江岸线 53 公里、嘉陵江岸线 19 公里，处于大江大河环抱之中，形似长江、嘉陵江之北的一条“金腰带”，是市委、市政府明确的主城都市区中心城区和“两江四岸”核心区。第二句：希望在重庆，机遇在江北。作为全市经济最活跃、开放程度最高的区域之一，上半年江北 GDP 总量位居全市第三，社会消费品零售总额增速和金融机构存贷款余额、商品销售总额、一般公共预算收入、区级税收总量 5 项主要指标，均位居全市第一。第三句：时尚江北，至善质美。观音桥商圈是西南地区首条“中国著名商业街”，江北嘴 CBD 是重庆最大气、最美丽、最现代的集中展示窗口，被誉为“长江上游的陆家嘴”。江北还获得全国文明城区、平安中国建设示范县等国家级荣誉，正努力成为高质量发展、高品质生活新范例。

2021 年，市委对江北区提出了“四个率先”的指示要求，也就是率先推进产业发展、城市能级、社会治理、干部能力现代化。这是一个高标准的要求，我们把它作为目标和方向，从一点一滴做起，努力担起这个重任。江北的城镇化率已经达到 99.2%，所以我们始终把城市作为“主战场”，树立经营城市的理念，加快建设近悦远来的现代城市。这里，围绕论坛主题，主要从三个方面与大家做个分享。

一、树立流量思维，打造城市“金名片”

金融、商贸、工业是江北的三大支柱产业，其中金融、商贸行业的增加值分别占全区 GDP 的 20% 以上，占据主导地位。为此，我们结合大局所需与自身所能，明确了“两副担子一起担”的发展思路，也就是在重庆打造西部金融中心上勇担核心承载区的重任，在重庆培育建设国际消费中心城市上勇担首选区的重任。

一是担好西部金融中心核心承载区的担子，集聚资金流量。2021 年 10 月，党中央、国务院印发的《成渝地区双城经济圈建设规划纲要》，明确重庆“打造西部金融中心”，这是国家层面首次明确西部金融中心的归属地。江北的金融资产规模约 3.5 万亿元、占全市近 1/2；境内外上市企业市值超 6000 亿元、占全市近 1/3；集聚金融机构 490 余家、占全市 1/4；存贷款余额超 1.8 万亿元、占全市 1/5。放眼整个西部，这样的水平都很难得。所以，重庆打造西部金融中心，江北责无旁贷。我们的工作主线，就是金融机构、金融功能“双集聚”：一方面集聚金融机构，2022 年上半年引进南洋商业银行、国宝人寿、华西证券等 9 家区域性金融总部，其中南洋商业银行是近 3 年唯一获准进驻重庆的外资银行机构，也是第 6 家落户江北嘴的外资银行总部。另一方面集聚金融功能，落户西部唯一的国家金融科技认证中心，与新华社签约共建国家金融信息平台西部中心，7 月 27 日我们成功举办江北嘴新金融峰会，吸引诺贝尔经济学奖得主等业界“大咖”参与，这也是一个金融功能的概念。值得一提的是，首创西部金融法律服务中心，统筹司法、行政、调解、仲裁、公证、律师“六大资源”，整合法律、诉讼、检察、警务“四大功能”，成立 3 个月受理金融案件 2600 余件、结案金额 8.6 亿元。2022 年还有一个“重头戏”，就是开工建设集金融超市、上市发布等功能于一体的西部金融广场，营造高能级金融“生态圈”。

二是担好国际消费中心城市首选区的担子，集聚人流量。2021 年 7 月，经国务院批准，在上海、北京、广州、天津、重庆，率先开展国际消费中心城市培育建设，重庆是中西部唯一入选城市。在重庆的商贸版图中，江北的地位不可或缺，全区的商品销售总额跨上了 5000 亿台阶、占全市 15% 左右，观音桥商圈日均人流量达 50 万人次、节假日高达 80 万人次。所以我们在全市培育建设国际消费中心城市中，勇于担，也必须担起“首选区”的重任。主要思路就是以观音桥商圈为核心载体推动商贸扩容提质，实现面积、人流量、销售额“三个翻番”目标。重点抓好“三个一批”工作：建设一批新的商贸载体，启动全市首个百亿级高端购物综合体“中环万象城”等 13 个重大项目，签约开工总投资 208 亿元的长安三工厂片区城市更新项目，加快打造长安文化国际商业街，构建重庆国际消费的商业新地标。创新一批新的消费场景，经统计，重庆的城市消费 60% 发生在夜间，商场晚 6 点到 10 点销售额占全天的 2/3。江北夜经济影响力上榜全国区县 20 强，我们的不夜九街是首批国家级夜间文旅消费集聚区，汇集了国内外知名品牌和商家近 1000 家，其中西南首店、重庆首店 50 余家。引进一批新的高端业态，整体推动商贸的品牌、层次提档升级，加快引进香奈儿等重庆首店和米其林餐厅等潮流业态，提速建成重庆乃至西南唯一汇集十大国际顶奢品牌的商圈。

二、突出立体视角，绘好城市“封面图”

如果把重庆比作一本“山水之城、美丽之地”的秀美画册，江北就是这本画册上最具代表性的“封面”，我们立体城市的特点十分鲜明，山、水、桥、楼错落有致。基于这些条件，我们用好城市美学、城市哲学，厚植自然本底、挖掘人文内涵、赋能智慧管理，擦亮“望得见山、看得见水、记得住乡愁”的展示窗口。

一是扮靓“两江四岸”山水图。根据市委、市政府规划，“两江四岸”核心区是重庆的灵魂、地标和精华所在，这个核心区由3个行政区组成，江北区是其中之一。所以江北的城市设计，始终把“两江四岸”作为主轴，梯次布局了相国寺滨江公园、盘溪河滨江公园、江北嘴江滩公园、星悦活力湾、洋炮局文创生态湾“三园两湾”，着力构建山水相连、显山露水的秀美景观。建成的4.08公里北滨路漫行步道和江北嘴江滩公园，投用之时即成为“网红打卡地”。2022年开工11.5公里北滨路东延伸段，整条路突出生态理念，注重车行于林、路隐于绿、引人亲水，打造“大美江北岸、最美迎宾湾”。同时，依托寸滩国际新城开发，同步规划寸滩老街，让历史与现代交相辉映，促“寸滩”变“金滩”，为“金滩”镶“金边”。

二是留存“历史记忆”人文图。江北是一座记忆之城，东晋时期地方志书《华阳国志》就记载，“汉世郡治江州，巴水北有柑橘宫，今北府城是也”，实际上战国末年，江北就作为巴郡首府及江州县府所在地，扮演着经济文化重镇的角色。这里有东汉石刻盘溪无铭阙，重庆唯一帝王陵墓明玉珍睿陵，“渝州一景”清代文峰塔，西南现存最早的“测候亭”，人文资源比较丰富。我们最大限度保留文化根脉和城市肌理，完成蜀都中学旧址、保定门修缮工程；推动城市更新提升，亮相“中复北仓”“九街有个单位”等历史文化街区，从“工业记忆”转向“文化创意”；开立徐悲鸿美术馆重庆馆，连续举办5期徐悲鸿主题画展，展出徐悲鸿真迹113幅，其中《巴人汲水图》《母女图》等作品首次在重庆展出。接下来，还将以徐悲鸿在渝居住的石家花园为基础，拓展打造徐悲鸿艺术街区。

三是创新“智慧名城”数字图。重庆已经举办四届“智博会”，正在建设智造重镇、智慧名城。应该说，这方面江北走在了前列，在全市建成首个智慧城市运营管理中心，率先上线智慧城管4.0，目前共有大数据分析、综合监督、城市执法、灯饰照明、智慧停车、市政排水等17个系统上线运行。2022年，我们又相继投用西部数据交易中心，这是国家发改委批复唯一以“西部”冠名的数据交易中心，将助力打造千亿级数字经济产业园；创新搭建疫情防控大数据平台，打造全区“一盘棋”、需求“一本账”、处置“一张网”的智慧大脑，让城市更加耳聪目明。

三、坚持以人为本，增强城市“好感度”

城市的核心是人，必须坚持以人民为中心。我的理解，经营一座城市的最终目的就是“利企惠民”四个字，为的是满足人民对美好生活的向往。江北正在积极打造全龄友好城市，无论是追寻潮流的青年，创业致富的中年，还是安享生活的老年，我们都乐于提供平台与服务，让大家在江北安居乐业、安心安逸。

一是让企业有获得感。城市的市场主体越活跃，城市经济就越发达，我们坚持把企业需求作为工作追求，树立“纳税人”意识，强调换位思考，像爱护眼睛一样爱护企业。2022年初，江北区的第一个大会，就专题研究部署优化营商环境，我们给区级税收贡献超过5000万元的22家企业“戴大红花”，在江北嘴、观音桥给他们打广告、搞宣传，增强企业的“自豪感”。随后，我们又建立“百千万”联系服务市场主体全覆盖体系，区领导一对一联系服务百余家重点企业，行业主管部门联系服务近千家“四上”企业，各镇街、园区、商圈通过服务专员联系超9万家市场主体，企业有任何困难可“一键拨号”解决。围绕国家稳经济大盘33条，逐项梳理、台账推进，确保政策“直达快享、应享尽享”，上半年减税近10亿元。在招商引资上，秉持“做的比说的好，干的比签的好”，首创“小江都能办”服务品牌，开辟从签约到落地的一站式“绿色通道”。

二是让生活有幸福感。人们来到城市是为了生活，人们居住在城市是为了生活得更好。群众可能不关注 GDP 增长，但一定关心学位、床位、车位等身边事。所以，我认为高品质生活一定要可感知、能评估。2022 年，江北区入选全国义务教育优质均衡区，获批全国居家和社区基本养老服务提升行动试点，创建国家食品安全示范城市，城镇新增就业超 3 万人。接下来，我们还将开工推进区中医院新院区等重大民生工程，建设一批市民广场、“口袋公园”，让 300 米一处街头绿地、1000 米一个休闲空间、2000 米一座公园成为标配，让群众幸福感指数再提升一个台阶。

三是让群众有安全感。江北区有一名党中央国务院授予的“改革先锋”，名叫马善祥，从事基层调解工作 30 年。2018 年全国两会，习近平总书记在参加重庆代表团审议时曾勉励他，“我们需要千千万万像老马同志这样的基层干部，发挥共产党员模范带头作用，结合实际把党中央的精神贯彻落实好，把各项工作做好”。“老马工作法”已经成为社会治理的一个品牌，如果“老马”能带出更多“小马”，意义更加深远。于是，我们以“老马工作室”为基础，大力推进“老马带小马工作室”进社区“全覆盖”，培育一批懂群众工作的“小马”，推进化解物业纠纷、邻里矛盾等问题，最大程度把不稳定因素就地化解在基层。在和谐的氛围中，群众发自内心的笑容明显多起来了。

各位领导、各位来宾，每座城市都有自己独特的个性和特色，以上主要立足江北的实际情况，从城市产业发展、城市品质提升、城市以人为本三个方面作一些交流，希望大家不吝赐教，给我们提出更多改进提升的意见建议。

江北不缺美，也不缺故事，需要讲好故事的人。当前，我们正深入推进城市传播“七个一”工程，那就是“用一句话记住江北、用一扇窗展示江北、用一本书读懂江北、用一首歌唱响江北、用一部片介绍江北、用一台剧演绎江北、用一群人感动江北”。在此诚恳邀请大家了解江北、宣传江北，加强在产业、城市、文旅、宣传等领域的全方位交流合作，共享发展机遇，共创美好未来！

探索挖掘城市精神内涵　构建认知中国独特路径

中国网总编辑　王晓辉

城市作为人类文明的重要载体和典型样本，蕴含着极为丰富的国际传播资源，尤其在弘扬“全人类共同价值”方面具有不可替代的重要作用，是国际传播工作的独特路径。文明和谐、高效繁荣的城市图景是中国主张、中国智慧、中国方案的具体实践，勤劳友善、乐观幸福的城市居民，更是当代中国可信、可爱、可敬形象的生动写照。

山城重庆，是中国城市的典型代表。翻滚的火锅，昭示着重庆的热辣性格；灵秀的巫山，守护着璀璨的巴渝文化；红岩的梅花，散发着不朽的耀眼光芒。相信这样一座充满故事的城市，一定会给我们的讨论带来不一样的启迪。

当今世界百年变局与世纪疫情相互叠加，当代中国也正在经历人类历史上最为宏大而独特的实践创新，这为外宣工作提出了更高的要求。

2021 年 5 月 31 日，习近平总书记在中共中央政治局第三十次集体学习时发表重要讲话，全面总结党的十八大以来我国国际传播能力建设的实践经验，要求必须加强顶层设计和研究布局，构建具有鲜明中国特色的战略传播体系，着力提高国际传播影响力、中华文化感召力、中国形象亲和力、中国话语说服力、国际舆论引导力。习近平总书记的重要讲话，将我们党对新形势下开展国际传播工作的规律性认识提升到新的高度，为我们进一步开展好国际传播工作指明了前进方向、提供了根本遵循。

国际传播是嵌入中国网基因的责任和使命，近年来，我们深刻感受到“讲好中国故事”是开展国际传播的重中之重。一切话语、观念、价值，只有借助故事才能找到着力点，才能听得进、听得懂。而具备讲好故事的能力，则需要在“选准话题”“找准资源”“瞄准受众”三个方面狠下功夫。

一、选准话题，是跨越文化鸿沟的有效手段

构建具有中国特色的话语体系，增强国际话语权，是做好国际传播的核心竞争力，需要我们长期地实践创新和把握规律。精准的话题设置，不仅可以帮助我们跨过由于社会结构、文化传统、话语体系造成的信息壁垒，更能帮助我们赢得理解和共鸣。

为此，中国网针对当前网络传播分众化、碎片化、视频化、社交化的特点，进行了自己的探索和尝试。2015 年，我们开创了全球新闻时事中英文评论节目《中国 3 分钟》，每周精选一个国际热点涉华事件，联手相关领域权威专家回应关切，及时传播中国立场与中国观点，精心推敲表达方式，让不同文化背景的观众都能听得懂、听得进。截至 2022 年 6 月底，《中国 3 分钟》370 期节目在海外社交平台累计阅读量超过 25.3 亿，视频播放量超过 2.1 亿，已经成为具有较强国际影响力的品牌栏目和对外讲好中国故事、传播好中国声音的重要平台。

随着品牌影响力逐步提升，栏目也积极支持地方外宣工作。2021 年，《中国 3 分钟》先后发布聚焦北京、天津、上海、西安、昆明、济南等各地的专题节目 11 期，平均每期帖文阅读量近千万、视频播放量超过 260 万。其中，与天津市合作创作《世界智能大会第五年：站在创新的潮头》，通过在天津举办的“世界智能大会”，展示城市的产业氛围和创新活力，体现当代中国推进创新、共享成果、实现多赢共赢的愿景，视频帖文阅读量高达 2555 万次、播放量近 640 万次、互动量超过 21 万，引发各国网友热烈讨论。

“十四五”时期，以人为核心的新型城镇化战略将得到进一步深化。不断涌入的城镇人口将带来更多的城市话题，上演更多精彩纷呈的城市故事。中国

网也会持续关注各地改革发展成就，与各位一起讲述属于中国城市的成长印记。

二、找准资源，是施展魅力风采的重要基础

五千年的历史为中华民族留下了丰富的文化资源。对外介绍中华优秀传统文化，实现“以文载道、以文传声、以文化人”，是国际传播的重要内容。向世界阐释推介更多具有中国特色、体现中国精神、蕴藏中国智慧的优秀文化，对促进不同文明平等对话、交流互鉴、共同发展，弘扬和平、发展、公平、正义、民主、自由的全人类共同价值，具有十分重要的意义。

近年来，中国网将文化产品作为国际传播工作的重点方向，精心打造“文化中国”多语种文化平台，形成了“文化+文创+艺术”三位一体对外传播格局。

2020 年，中国网推出大型实景文化类纪录访谈节目《似是故人来》。第一季节目邀请共和国勋章获得者袁隆平、文物保护杰出贡献者樊锦诗、中国文字学会会长黄德宽等 10 位知名专家，通过实地走访、现场对话、主持人述评等形式，带领观众走入不同的文化领域，体会中华文化的博大精深。节目在中国网、江苏卫视、爱奇艺同步播出，全网播放量突破 1 亿，卫视节目同时段收视率平均排名第二、文化综艺类排名第一。节目获国家广电总局通报表扬，并荣获第三十一届中国新闻奖二等奖。

2022 年 1 月，《似是故人来》第二季 10 期节目也顺利收官。我们拜访了著名相声表演艺术家姜昆、中国美术馆馆长吴为山、陕西历史博物馆馆长侯宁彬、苏绣代表性传承人姚建萍等各领域文化名家，充分反映出中华文化的强大感召力。目前，第三季节目正在拍摄制作过程中，这一次我们着眼海外，讲述好中国文化海外传播，助力谋求民心相通最大公约数、画出“美美与共”最大同心圆与万邦和谐的“和合共生”故事。

在拍摄过程中，我们跟随文化大家们体验了许多城市的文化气韵。在西安，从市民的生活习惯中看到了丝绸之路的历史遗存和中华文化的开放包容；在敦煌，透过洞窟和壁画依稀看到往来商旅的驼队和历代工匠、学者们的坚守初心。特别是在重庆，我与大足石刻艺术博物馆首任馆长郭相颖先生在宝顶山漫步、在石篆山畅谈，感慨不同宗教文化在华夏大地共同繁荣的盛世气象。我感动于中华文明的世代相传、生生不息，更感动于保护者的坚守和担当，感动于重庆人民对这方水土的热爱和守护。

大足石刻是唐宋以后南方丝绸之路的重要驿站，沟通川藏、川滇联结南亚与东南亚，是伟大的历史遗迹和惊世之作，被联合国教科文组织列入《世界遗产名录》。郭相颖先生守了大足石刻50年，从无水无电独自守山，到见证成功申遗，陪伴大足石刻半个世纪。郭老先生认为坚定文化自信，文物工作肩负着不可推卸的责任。这种孜孜不倦、精益求精的艺术品格令人敬仰。这期节目收视率高达0.64%，在同时段卫视频道中排名第四。节目播出后，郭相颖先生非常高兴，特地向我们表达了祝贺和内心的喜悦。郭老先生说，“节目拍得非常好，视角选得好，把大足石刻的特点突出了，没有任意加一些博眼球的东西”。能够得到老一辈中华文化守护者的肯定和鼓励，我们深感使命光荣、责任重大。中国从不缺少好的故事，更不缺少优秀的文化资源。我们要做的是在文化传播工作中将原汁原味的中华文化，自强不息的民族品格，天下一家的大国气度，善良可爱的中国人民，真实、全面、完整地展示在世界舞台。

我们相信，每座城市的精神特质就蕴藏在城市居民的柴米油盐之中，就反映在城市独特的文化传统之中。它构成了城市独有的风格和魅力，也为城市形象提供可以跨越语言的传播资源。我们也期待挖掘更多中国城市的独特气质，提升城市文化魅力，展现城市时代风采。

2021年，中国网荣获中央文史馆授予的“中华文化传播大使”荣誉称号。这是对中国网国际文化传播工作的肯定，也是对未来文化传播创新的激励。前不久，我们刚刚上线了“中网艺云”数字藏品平台，联合海内外艺术大师、IP资源方、设计力量参与共创，将中国传统文化内容借助数字藏品、时空交织、场景转换、区块链技术等科技手段表达，积极尝试通过传统和创新的有机交互，传承守护中华文脉，促进文化产业高质量发展。中国网也将继续发掘中华优秀传统文化的创新传播模式，为各领域国际传播开辟新的合作发展空间。

三、瞄准受众，是保障传播效果的必然选择

习近平总书记曾深刻指出，读者在哪里，受众在哪里，宣传报道的触角就要伸向哪里，宣传思想工作的着力点和落脚点就要放在哪里。如今，社交媒体平台已经成为国际舆论交流、交融、交锋的主战场，我们的国际传播工作也必须在这里拥有一席之地。

2014 年，中国网全面开启境外社交媒体工作。截至目前，中国网在 Facebook、Twitter、YouTube、Instagram、LinkedIn、VK 等九大主流境外社交平台开设 13 个账号，覆盖英、法、俄、阿、日、西、德、韩等 8 个语种，总粉丝数超过 9600 万，稳居中央媒体境外社交平台第一阵营。其中，Facebook 平台上“中国网”官方账号粉丝数超过 3500 万；旅游文化专题账号“探索中国”粉丝数近 1230 万，已成为中国第一大旅游账号，互动率远超“BBC 旅游”“CNN 旅游”等世界顶级媒体机构的同类账号；社会热点专题账号“热点中国”粉丝数 1300 万，成为国际知名媒体的引用来源。

成熟的运营团队，为中国网服务地方外宣提供了坚实的基础。2018 年起，中国网针对 Facebook 平台用户特点，策划推出“中华文化古迹”系列直播，带领全球观众陆续走进故宫博物院、秦始皇兵马俑博物馆、河北金山岭长城、承德避暑山庄、宁夏水洞沟、良渚古城遗址等地，6 期直播活动累计获得海外网友关注超过 3000 万人，是中华文化对外传播的一次成功尝试。其中，《最美长城 · 中国河北金山岭》活动，通过海外社交平台覆盖了 65 个国家和地区的近

680 万人，视频观看量近 200 万次，有 10 万多名网友参与直播互动。

2016 年起，中国网为广州在 Facebook 平台开设并运维“中国广州”英文和阿文账号。今天，双方合作已经扩展至 Facebook、YouTube、Instagram 等三个平台的四个账号，英文账号粉丝总数超过 42 万，阿文账号粉丝总数接近 15 万。6 年来，中国网与广州市密切协作，聚焦花城活力、大湾区建设和岭南文化，精心策划发布帖文 3400 余条，累计阅读量近 1.3 亿，互动量突破 430 万。其中，记录广州塔庆祝香港回归 25 周年亮灯活动的视频《爱是永恒：祝福香港明天更好》，全网播放量超过 1300 万，充分展示了广州作为大湾区商贸、物流和交通枢纽的胸怀和担当。

中国网为北京市在 Facebook、Twitter、Instagram、YouTube 等四个平台上运维的“探索北京”（Discover Beijing）账号，通过“讲好北京故事，述说京味文化”提升北京市的国际形象，账号粉丝量已超 205 万人。8000 余条帖文，累计触及人数超过 2.1 亿。中国网为上海浦东新区运维的“中国浦东”Facebook 账号，仅用一年时间粉丝总数就突破了 50 万大关，平均互动率高达 6.8%。4 条视频帖文阅读量超过百万，成为境外网民了解浦东、观察上海、感知中国的全新窗口。

同时，中国网还承接了湖南、内蒙古、福建福清等多个地方的海外社交账号运维工作，成为综合全面地展示各地经济与社会发展、自然与人文魅力的重要途径。

加强不同主体、不同渠道、不同资源的协同协作，广泛动员各方力量共同开展国际传播，是我们党开展外宣工作的重要经验。尤其是在信息传播移动化、碎片化、分众化发展的今天，每个人都是传播者，进一步加强协同协作的重要性更为凸显。

近年来，中国网以“打造国际传播第一网”为目标，着力提升国际传播能力，不断推动媒体融合发展向深向实，努力开创国际传播事业新局面，综合实力稳步提升。我们愿与中国城市携手成长，把握时代机遇，投身伟大事业。透过城市这一让世界了解中国的独特窗口，不断摸索新鲜经验和做法，提升针对性和服务性，“一五一十讲事实，心平气和讲道理，娓娓道来讲故事，坚定自信讲观点，端庄大气做外宣”。

服务国家战略　融合学科专业
大力培养复合型高端国际传播人才

四川外国语大学　董洪川

重庆是中西部地区唯一直辖市，对西部地区的对外开放和国际化建设起着引领作用，而这也与四川外国语大学紧密相关。助力国际传播国家战略和重庆乃至西部地区的国际化建设，是川外义不容辞的责任。今天的会议主题是城市与国际传播，市委宣传部与川外共建的重庆国际传播学院刚刚揭牌成立。在此，我们要特别感谢市委宣传部对川外国际传播人才培养的支持，一定会尽力做好学院建设和人才培养工作，助力重庆城市国际传播。

一、加强国际传播与外语学科人才融合培养的背景

党的十八大以来，习近平总书记高度重视外宣工作，发表了系列重要论述，在2021年的“5·31”讲话中特别强调，要全面提升国际传播效能，建设一支强大的适应新时代国际传播需要的专门人才队伍。习近平总书记强调要“着力提高国际传播影响力、中华文化感召力、中国形象亲和力、中国话语说服力、国际舆论引导力”。在战略传播的框架下，“五力”有着深刻而紧密的内在逻辑关联，构成了一个完整的国际传播目标体系。提高“五力”，关键是人才队伍建设，因而“五力”为国际传播人才培养提出了新要求。

目前，既了解我国国情又善于运用语言优势讲好中国故事的高端国际传播人才较为稀缺，在国际传播实践中政策和经验指导多于科学和规律指导，理论研究较弱。重庆是西部超大城市，处于“一带一路”“陆海新通道”“内陆开放

高地”“成渝地区双城经济圈”的重要位置。在这机遇集成、战略叠加的重大历史发展关键期，亟待在人才培养、科学研究、智库建设等方面加强国际传播能力建设。目前，重庆在城市国际传播建设方面已经有了非常好的基础，在平台建设和内容生产上积累了一定的城市国际传播经验，并正在大力建设西部国际传播中心。因此，重庆对优秀的国际传播人才有更大的需求。

面对如此难得的历史机遇，川外坚持“建设特色鲜明高水平应用研究型外国语大学”办学定位，以“国际导向，外语共核，多元发展”为办学特色，积极因应“中华文化走出去”与重庆内陆开放高地建设需求，强调以外国语言文学一流学科建设为引领，推动其与学校的新闻传播学、中国语言文学、政治学、外交学、法学、教育学等学科交叉融合，整合优势资源，拓展研究领域，打造新的科学研究、人才培养和社会服务的增长点，实现跨越式发展。

川外现有22个语种，51个本科专业（包括24个外语类专业），外国语言文学是一级学科博士学位授权点，有1个博士后科研流动站。2021年，学校被重庆市立项为高水平新文科高校和国际化特色高校建设单位。作为《习近平谈治国理政》“三进”全国首批三家试点高校之一，在培养有家国情怀、掌握规范解释和翻译法则的国际传播高端人才，服务中国特色对外话语体系建设上，取得了阶段性成效。川外率先成立国际传播学院，新申请获批国际新闻与传播专业，设立国际传播硕士培养方向、国际传播二级学科博士点，完善了从本科到博士阶段的国际传播人才培养层次。

二、国际传播与外语学科人才融合培养需把握的关键问题

我们之所以提出国际传播与外语学科人才融合培养，是基于两个原因：一是我国实现了“初步构建起多主体、立体式的大外宣格局”后，对国际传播提出了更高要求，因而对国际传播人才培养也就有了更高要求；二是在现有的大学人才培养体系中，外语人才和传播人才培养分属两个不同的学科专业体系。

在国家突出强调提升国际传播能力，大力推动新文科建设的背景下，传统外语学科人才培养模式已远远不能满足时代需求。探索国际传播与外语学科的深度融通，是外语人才培养的新使命。而高水平的国际传播人才，本身就需要以出色的语言能力为基础，并具有坚定的政治素质和立场，有对中华传统文化的深入掌握和深切热爱，也有基于对世界文明和他者文化包容理解的跨文化交际能力，以及娴熟使用现代信息媒介的专业技能。因此，国际传播与外语专业人才融合培养，并不只是新闻传播学科与外语学科的融合，它涉及外语学科和非外语学科专业的多重交叉。培养具有国际传播能力的复合型人才需要把握好以下三个方面的关系。

（一）国际视野与中国情怀的价值定位

所谓国际视野，就是具有理解不同语言文化的知识和能力，具有包容文化差异的胸怀、沟通不同语言文化的智慧。事实上，根据国务院外语学科评议组的意见，我国不少高校的外国语言文学一级学科下的二级学科逐步调整为外国文学、外国语言学及应用语言学、翻译学、比较文学与跨文化研究、国别与区域研究五大学科方向。这极大拓展了外语学科的内涵和外延，这是对新时代外语人才需求的积极回应。学科方向的调整，为外语学科培养具有国际视野的人才提供了政策和学理支撑。只有具备国际视野的外语人才，才能在推动世界文明互鉴和建构人类命运共同体中发挥作用，才能承担起国际传播的光荣使命。

做好国际传播，不仅需要有国际视野，也需要有对中华传统文化和当代社会的深切理解，厚植家国情怀。中华优秀传统文化是我们最深厚的文化软实力，也是中国特色社会主义植根的沃土，更是我们在世界文明互鉴和文化激荡中站稳脚跟的根基。同时，我们也应牢固树立四个自信，传播好当代中国价值、中国方案和中国经验。“全球中国”意识强调中国是世界不可忽视的力量，这种力量有着深刻的历史积蓄，并在当今世界具有独特的生命活力和时代价值。

（二）外语学科与非外语学科的深度融合

在新的时代背景下，外语学科在重视高端外语专门人才培养的同时，更应以“社会需求”为导向，培养跨学科国际化应用人才。此类人才培养，即传统外语改革中应对社会需要逐步出现的“外语+”或复合型人才培养的发展，非外语专业也要突出“+外语”的人才特色培养导向，实现外语专业与非外语专业的双向深度融合。这类复合型人才目前社会需求较高，外语学科应重视人才培养机制的创新，打通跨专业的辅修双学位 / 双专业的机制，大力发展外语类学生在专业学科上的国际化专业能力。在全球化深刻演进的过程中“万物皆媒”。不同的空间、场域均可视为一种思想文化交流的样态。从这个意义上看，外语院校外语学科与非外语学科人才培养的深度融合，也是培养毕业生国际传播素养的重要途径。

（三）外语能力与国际传播能力的复合培养

培养对外文化输出人才，培养能对外讲好中国故事的人才，需要以外语能力为基础，同时具备跨文化交际、国际政治和国际关系理解以及新媒体应用的能力。因此外语学科国别与区域研究的重要性日渐凸显，外语学科与传播学、汉语言学科以及社会科学诸领域的联系日益紧密，国家需要外语学科培养更多国别与区域研究的人才，培养更多熟悉中国文化、社会发展，同时掌握国际话语表达，能顺利与西方学术等领域进行沟通，表达中国观点，传播中国声音的国际化人才。从某种意义上讲，只有具备良好的外语能力和外国文化知识，才能处理好跨文化传播的语调调适问题，才能做到习近平总书记要求的“多用外国民众听得到、听得懂、听得进的途径和方式，积极传播中国文化，阐发中国精神，展现中国风貌，让世界对中国多一分理解、多一分支持”。

三、国际传播与外语人才融合培养的路径

外语院校国际传播与外语人才融合培养，必须结合学校的特色优势，加强

顶层设计，充分发挥各方面的资源优势，制订明确的规划措施。主要路径有三个方面：

（一）以新文科建设为导向，推动国际新闻传播与外语学科专业的深度融合

第一，明确复合型外语人才培养的基本定位。应以外语优势和特色作为立校之本，把“外语+”和“国际化”融入整体教育教学实践，落实“外语共核、特色发展”的原则，培养具有国际视野、中国情怀，善合作、能创新的复合型、应用型人才。

第二，明确学科专业结构融合优化的整体思路。应创新“外语+”“+外语”“复语+复专业”人才培养模式，推动外语学科的文理融合、文文融合、文科融合，打造融合性课程，以学分为基本课程修读单元，完善学分制、导师制，形成学生自主选择的人才培养与分流机制，实现打破专业壁垒，形成融合性新文科人才培养的有效机制。

第三，加强国际传播的学科专业建设，并探索国际传播与外语专业融合培养人才的多元模式。一是英语专业与国际新闻与传播专业实行双向融合的教改实验班；二是在关键语种课程体系中植入国际新闻传播微专业课程；三是为非通用语种学生提供国际新闻传播的辅修和双学位修改读专业。

第四，以《习近平谈治国理政》为基础，以加强国际传播为导向，做好翻译人才培养，在《习近平谈治国理政》“三进”工作中，学校围绕服务国家对外话语体系建设和国际传播能力建设，深入实施“1332 嵌入式融合型”教学模式，推动学科融合，促进“外语+思政”，坚持家国情怀和全球视野统一，为世界看中国努力培养卓越翻译人才。

（二）以国际化特色高校建设为导向，提升国际化办学水平

国际化就是将“国际维度”整合到教学、科研、社会服务等诸种大学功能之中，国际传播与外语人才的融合培养，必须充分依托学校的国际化办学优势。反过来，这种融合式人才培养，又推动着学校的国际化水平提升。川外目前与 30 余个国家或地区的 100 余所高校及机构建立了校际合作与交流关系，建有中澳商务英语、中法物流管理等两个教育部批准的中外合作办学项目，建有孔子学院 3 所。近年来，学校积极开展各类本硕博人才培养、师资培训、科研合作、海外引智，年均接收各类海外学生 400 余人，外籍教师近百人，外派教师 100 余人，学生 600 余人。学校与国外政府及教育机构合作设立法语联盟、歌德语言中心、塞万提斯语言中心、意大利语中心、俄语中心、白俄罗斯语中心等涉外教育与文化交流机构与平台。

川外正在构建“四维一体”的教育国际化改革创新体系，即推动学校多语种复合型人才培养、夯实国际人文交流合作平台、提升国际传播智库能力、强化多语种跨文化语言服务。学校希望通过“四维一体”的办学国际化建设，形成一流的国际化发展竞争力。

（三）加强平台和智库建设，提升社会服务能力

学校在“十四五”发展规划中提出，要大力推进应用研究和智库建设，更好地服务重庆地方经济社会发展，融入国家发展战略。培养具有国际传播能力的复合型高端人才，也必须有高端研究平台和实践平台为学生发展提供学术和实践机会。

学校在国际化研究平台建设上有较好基础。此前先后成立金砖国家研究院、以色列研究中心、重庆国际战略研究院、当代国际话语体系研究院、重庆市国际教育发展研究中心、区域形象与舆情监测中心等应用研究平台，发挥中外文化比较研究中心市级人文社科研究基地作用，为推动中国文化走出去，服务国家“一带一路”和重庆内陆开放高地建设做出了积极贡献。

为强化川外的智库建设，学校围绕习近平总书记关于国际传播能力建设的重要论述精神，以及重庆建设区域性国际传播中心的规划，整合学校现有学术和智库研究机构，完成了两个智库组建工作，着力提升国际传播智库能力。

第一，新建重庆当代中国研究院，整合当代国际话语体系研究中心、区域形象与舆情监测研究中心、全球贫困治理国际传播研究中心，全面服务国际传播战略体系、习近平谈治国理政话语传播和舆情分析与国家形象传播。

第二，新建国别与区域研究院，整合原有教育部备案中心如德国研究中心、以色列研究中心以及金砖国家研究院、国别经济与国际商务研究中心、白俄罗斯中心、加拿大研究中心、美国研究中心、南亚研究中心、拉美研究中心、陆海研究院等。

同时，学校还需结合外语特色优势，围绕语言服务和国际化特色活动，努力服务重庆社会经济发展、成渝地区双城经济圈和西部（重庆）科学城建设；服务政府、企事业单位等社会各领域语言培训、信息咨询、跨文化业务；服务科学城“一带一路”科技交流平台建设与活动开展，打造成渝地区高校国际文化节，开展国际文化交流周、国际暑期夏令营、中外人文交流论坛等各类国际化特色品牌活动；结合舆情基地工作，提供涉华涉渝信息服务；成立国际传播实务中心，为重庆的城市国际传播提供切实服务。

重庆国际传播学院的成立，对培养高层次复合型的国际传播人才，全面服务于重庆对外开放和国际化建设，将具有非常重要的意义。川外一定会在市委宣传部、市委教育工委和各界专家的关心帮助下，努力建设好重庆国际传播学院，培养更多优秀的国际传播人才。

第二章

城市即国际传播主体：政府·民间·KOL

城市，理所当然是城市叙事的主体，也是政治学、经济学、社会学和传播学意义上的国际传播主体。

城市的主体意义，最终会体现在城市政府、城市公民、城市企业、城市社会组织等，城市发展、城市治理、城市生活中各类主体的意识和行为之中。本次论坛的第一分论坛，重点聚焦城市政府、民间社会、KOL（意见领袖）这三类行为主体，探讨他们在城市运行中的主体行为，如何体现和呈现城市传播的国际化意义。

城市外交在国际传播中的独特作用

外交学院亚洲研究所、国家安全学院　郭延军

首先，我们说什么是城市外交，从狭义上来讲，主要是指中央政府委托地方城市承接的外交外事活动。在这个意义上来讲，城市并不是外交外事活动的一个主体，只是为国家外交活动提供接待场所和后勤保障服务。所以现在我们经常看到，我们国家有重大的外交外事活动放在地方来举办，这就是从狭义上来讲的城市外交。现在我们讲城市外交更多的是从广义的角度理解，也就是所谓的大外交。我们大外交的主体，不但包括中央政府、外交部，同时也包括地方政府、社会行为体乃至个人，都可以成为外交的主体，都可以参加国家的外交活动，特别是在国际传播方面，成为传统外交的一些重要补充。2014 年，习近平总书记在出席中国国际友好大会暨中国人民外交友协成立 60 周年纪念活动的时候，发表了一个重要讲话，他强调要推进城市外交，大力开展国际友好城市工作，促进中外地方交流。实际上这就是从大外交的一个角度出发，让城市来承担更多的传统外交议题之外的功能。与中外地方城市合作来服务国家这样的一个整体外交，同时促进地方自身的经济发展。2021 年 5 月 31 日，习近平主席又提出了加强我国国际传播能力建设这样一个重要的部署，可以说进一步给城市外交赋能，赋予了城市外交新的任务和发展空间。今天上午很多专家也都提到了，为什么说城市外交在国际传播当中发挥着独特的作用，我们可以从很多层面去理解和分析。以下从提升国家形象这个角度，谈一点认识。

大家都知道，在中国崛起的背景下，中国的国际形象也面临不少挑战，特别是美国等西方国家基于零和思维，从实际地位出发，看到中国正常发展的这

样一个进程。比如说以美国为例，它现在是以全政府、全社会、全世界、全方位、全文明，就是以“五全”的方式，打压中国的发展，抹黑中国的形象。所以现在说我们要解决从挨打、挨饿到现在挨骂的这个问题。在这个过程中，我们也看到，美国的学者画了一条所谓的“库布勒罗斯改变曲线”即一条悲伤曲线，这条悲伤曲线，实际上分五个阶段，第一个阶段是否定的阶段，第二阶段是非常气愤的阶段，第三个是失落的阶段，第四个是讨价还价的阶段，第五个是接受的阶段。我们看二十年来中美关系的时候，美国人如何看待中国的？他们实际上对中国持有一种否定的态度。2001 年，美国正式同意中国加入 WTO，为什么那时候要接纳中国？并不是他们认为中国的经济发展非常重要，而是认为他们要获得中国更大的市场，同时他们认为中国在知识产权保护等一系列领域都有很多的问题，这个时候实际上美国对中国是一个否定的态度。那么到了现在，美国人就认为他们到了第二个阶段，就是非常气愤的阶段，因为中国的发展很快，同时包括经济、军事，以及这次疫情所体现出来的中国强大的政治动员能力，使得他们非常的气愤，所以他们采取各种方式来打压中国。那么现在要防止其进入第三个阶段，也就是中国在实力上超越美国，那么它就会变得很失落。再下一步就是要跟中国讨价还价，讨论这个世界秩序，到底由谁说了算。到最后，它就不得不接受中国超越美国这样一个事实。我认为美国现在处在第二个阶段，所以在这样一种心理状态下，我们看到这种斗争是非常残酷的，国家层面的外交斗争也是日趋激烈的，灵活度和妥协的空间越来越少。

所以说我们现在无论从新闻发言人，还是国家领导人对外的表态，都可以看得很清楚。而中国的国家形象，特别是西方发达国家的民众对中国的好感度，这些年来可以说也受到比较大的负面影响。根据美国皮尤研究中心（Pew Research Center）2021 年 3 月份针对美国成年人的调查显示，47% 的美国成年人认为美国变得更加衰弱，66% 的人认为中国正变得更加强大。而同时对其他 18 个发达国家，或者亚洲国家的民众，调查结果也基本上是同样一个看法，仅仅有新加坡和马来西亚等少数几个华人聚居的国家，对华的正面印象比较明显。也就是说我们的对外传播工作，虽然从 2021 年“5·31”开始做了大量的工作，也取得了非常好的效果，但是我们还需要进一步思考。我们的工作可能是在华人世界取得了比较好的效果，但是在面向西方发达国家，特别是英语国家的时候，我们的对外传播工作还是任重而道远。如何来破局，我们现在强调斗争精神，我想说斗争当然不是目的，它是我们确保和平发展的一种手段，在这样一个背景下，城市外交的重要性就凸显出来了。城市外交可能发挥的重要作用，就是让高高在上、冷冰冰的这种外交更接地气，更具活力，同时更有利于打造一个有温度、有亲和力的国家形象。

我分享一个个人经历，我在 2019 年的 5 月份跟着外交部的使团去美国调研，先去了华盛顿。当时所有的美国官方层面，国务院也好，智库代表也好，都告诉我们，中美关系已经回不到过去了，这种竞争会越来越激烈。我们在整个华盛顿的行程非常压抑，感到都是冷冰冰的气氛，中美关系几乎是看不到一点恢复的希望。第二站我们到了奥克兰。到了奥克兰之后就很有意思，地方政府只字不提中美关系，只字不提特朗普，而只是提中美经贸合作，向中国推销他的产品。因为奥克兰离休斯敦很近，航空业的技术和产品都非常发达，整个行程在奥克兰这个地方全都是推销产品，只字不提政治。这个案例很有意思，可以看出各国城市外交有很多相同之处，即便是在中美国家间博弈这么激烈的情况下，在中美两国城市之间，大家还是希望能够合作。我想这应该是城市外交一个很重要的基础。

我想着眼于后疫情时代和数字时代的城市外交，应当形成一种地方政府、民间和个人三位一体的形式，这也就是今天我发言的这个主题。从地方政府层面我想已经做了很多，而且我觉得做得都很好，他们学习进一步地凝练各自地方的特色，包括美食、美景乃至文化、文明。实际上外文局也在做一项非常重要的工作，就是“城市关键词”这一项目。我觉得已经在许多城市有了很好的实践，它有助于凝练各个城市的不同特色。同时，以中外友好城市交流和旅游业为牵引，这样一种人文交流可以让全世界人民深度体验真实、立体、全面、多彩的中国，以上是在地方政府层面。在个人层面，我想在疫情期间，中国普通民众的生活状态，可能外国人知道的不多。在这个层面上，我们有很多的网络“大V”，做了很多工作。包括外国的“大V”也发挥了非常积极的作用。比如最新的调查显示，上文我讲的19个西方发达国家当中，认为中国的所谓“人权”问题，比经济和军事竞争带来的挑战更加严重。在这样一个背景下，如何通过这些“大V”去更多地宣传普通中国民众的生活状态，特别是我们老百姓在疫情期间的真实状态。此前一个专家讲到的城市和人权两者间有很重要的关系，实际上处理好这对关系将对我国的形象塑造产生非常好的正面促进作用。第二就是进一步发挥所谓的意见领袖在话语体系领域的创造和传播作用。张维为教授就讲到了文明型国家这样一个非常好的概念。再比如说，我们的对外传播当中，还可以有一些思路的转变，像美国长期以来讲的是国强必霸，也就是中国崛起必然要称霸。换个思路我们怎么讲？我们可以讲国霸必衰，我们是反对国强必霸，我们认为国霸必衰，这就是一个思路的转变。再比如，讲美国要管理中国崛起，美国认为中国是一个“修正主义”国家，那我们应该怎么来反制？中国要管理美国的衰落，是因为美国的衰落造成了这个世界的不稳定。还有，美国强调基于规则的国家秩序，那么我们就要强调基于联合国宪章的国际秩序。所以这些思路的转变，对我们加强国家传播能力是非常有用的。那么回到刚才讲的个人层面，我最后想说，无论是普通民众还是意见领袖，地方政府都应该为他们提供更多的渠道和技术支持。比如说一些外国的“大V”在做节目的时候，在做视频的时候，能不能打上准确的翻译字幕，这样简单的技术支持，我想会使得传播效果倍增，从而更好地服务我们的城市外交，服务我们城市的对外传播工作。

国际传播赋能格局建设

深圳大学外国语学院、深圳大学区域国别与国际传播研究院、
深圳大学中国海外利益研究中心　戴永红

我今天跟大家汇报的题目是“国际传播赋能格局建设”。我本人有一个跨学科背景，本科是学英美语言文学的，硕士是学经济学世界经济方向，博士又学的是企业制度理论，主要研究方向是国际战略和外交安全。我想结合到我的学术背景、专业背景，来尝试作一个跨学科的主题分享。

2021 年 5 月 31 日，中央政治局关于加强我国国际传播能力建设集体学习以后，习近平总书记明确指出各个单位的党政一把手，都要亲自抓国际传播工作。现在全国的各大外国语学院，如北外、上外、川外，包括我们综合类大学的外国语学院，都在从事外语学科+区域国别研究+国际传播研究。此外还有从事像国际组织或国际法或其他专业+外语等模式的实践。其实做好国际传播是一个系统工程，它就是一个交叉学科，要有传播的策略、技巧，传播的技术。例如，传统的传播学领域的很多专家教授，都是从理论高度出发，但因为很多理论都是西方的传播学理论，如何跟中国的实际结合起来？刚才有人讲我国从挨打、挨饿，再到挨骂，为什么没有解决这个问题？这主要因为我们以前的学科设置是“单打独斗”，没有交叉学科。好比说一个人懂技术，懂传播策略，但是要往里面装内容，他还要有可供传播的内容、思想。以上这些就是症结。再好比说你语言好，但是你没有学过国际传播，你不知道怎么去讲好中国故事。学传播学的人，他可能学很多传播学理论，但是他语言能力不强，他到国际场合不能用英文去讲国际传播，这个问题就是我要探讨的。我们从哪些方面

入手？这就是我提出的要从一个传播，一个建设，一个核心关键词入手。同时还要从国家层面、城市层面、企业层面甚至还包括个人层面，这四个维度来探讨这个问题。我的文章当中没有把个人包括进去。但实际上改革开放以来，每年出国旅游的人数都是庞大的。一个人出去旅游，不是个人行为，你到国外的很多一言一行，也可以代表中国人的形象。就是说中国的政府花了很大力气去建立的正面的良好的形象，可能会因为一个人旅游时的低素质行为给破坏了。这就意味着怎样从“三位一体”或者“四位一体”，甚至是“多位一体”来构建一个国际传播的顶层设计，是非常重要的。我们现在面对着如何去赋能，国家如何给国际传播能力赋能，国际传播如何为中国形象进行赋能这些问题。另外城市要“赋权”，企业要“赋力”，因为企业是一种商业组织，我们的中资企业出去了，作为国家、城市最后如何去跟它互利。企业最后是要盈利的，而国家、城市应该尝试通过企业进行传播。

习近平总书记的每一句话都针对一个学科。比如他提出的“国际传播影响力”，就是要关注国际传播整体怎么把影响力提升，即城市的国际化。“中国文化的感召力”这句话就要求我们要从文化的角度，包括外语学科、中国国学、传统文化等进行赋能。“中国话语说服力”，包括传播效果，话语分析等，也即是说如何把一句话讲好。同样一句话不同的人讲出来都不一样。我们外交部发言人，他们能出口成章，实际上在发布会之前是进行了精心准备的。怎样正话反说、反话正说，都是牵涉到中国话语说服力的问题。“国际舆论引导力”，或称舆论引导，它也具备政治的、经济的、外交的、安全的属性。前面董校长以习近平总书记的讲话为依据；它既有话语叙事的机制维度，又有理论和实践展现。这给我们以启发，从理论到实践，从实践再到理论，有思想精神，还能从文化维度出发。所以提升国际传播影响力光有技巧还不行，还要有内容。

第二个问题就是我们来看看海外中资企业的发展与传播。我这有一个例子。我通过网络爬虫技术了解到，“一带一路”倡议从 2013 年 9 月开始，到

2020 年，整个“一带一路”的传播话语体系的密度显示其已经成为一个热点。但是我们做的事情影响力越大，西方国家就越要打压你；你越成功，他们越是要猛烈地攻击你。那我们怎样来破解这个困局，海外中资企业也想了很多办法。比如说我们在非洲的影响力越来越大，中资企业非常多。根据浙江师范大学非洲研究院的研究数据，浙江一个金华市就占了中国对非贸易和投资的 20%。一个中等地级城市，占了中国对非贸易和投资的 20%，一个城市就靠对非贸易、对非投资打出了一片天。他们有一套很成功的对外传播经验。再就是我们对外工作的方式也在发生变化。以前我们对外援助，像对缅甸的援助，以前很多是搞大型的基础设施建设，国有企业占主导，我们送去的是一些军车，最后导致出现了一些问题。因此我们现在对它的援助就是建设一些医院、学校。对他们的粮食援助，我们的大使会带着工作人员亲自把粮食送到灾民手中。不是像原来把援助直接给政府，由政府拿去分发，人家也没感受到你的援助。包括现在我们对斯里兰卡的援助就是这样做的，就是要精准。

作为深圳来说，举华为和中兴的例子，特别是华为的未来种子计划，怎样宣传我们中国的企业，特别是深圳的企业？华为率先在世界搞了一个未来种子计划。这个未来种子计划其实是落实社会责任，做到提升企业的海外形象。下面第三部分关于斯里兰卡。现在斯里兰卡这个国家，有的人说已经破产了，实际上并非如此，我们的传播当中存在很大的问题。只是西方媒体在炒作斯里兰卡，称是因为中国的“债务陷阱”。我们搞了两个代表性的项目，一个是科伦坡港，另外一个汉班托塔港。这两个港都是吞吐量上百亿吨的大港。其实斯里兰卡欠我们的债务在其中只占 10%。

斯里兰卡的重要性尤其体现在地缘政治、地缘经济价值。为什么深圳又跟斯里兰卡密切相关呢？因为科伦坡港和汉班托塔港这两个港口运营公司的海外总部都在深圳。这就要求我们要做中国的海外利益研究，其实好多中资企业，它的海外总部就设在深圳，要么是本身在深圳，要么它的全球总部在北京，但是海外总部设在深圳。我们经过调研，斯里兰卡这两个港口，基本上是照搬深圳盐田港和蛇口自贸区的这种建设模式。那么斯里兰卡的这个“深圳模式”，除了企业的这种商业模式是照搬深圳的，还有就是他们的经营模式也是。我认为其中给予我们一个参考，我们应该做好细分，就是国家、城市、企业三位一体的国际传播赋能格局细分，从宏观、中观、微观层面明确各自应该做的内容。总之，我们应该尝试做到从一个国家赋权、城市赋能、企业赋力这三个维度去做我们的国际传播，如此所达到的传播效果，就要比单一渠道去做要好得多。

向拉美讲好新时代的中国故事

中国社会科学院拉丁美洲研究所助理研究院　楼　宇

我是来自中国社会科学院拉丁美洲研究所的楼宇，坦白讲我是过来学习的。刚才戴院长讲到他是学外语出身的，我也是，我本科学的是西班牙语，我研究生和博士学的都是拉美文学，所以在很多年里我的工作就是教西班牙语和研究拉美文学。2017 年我从北京外国语大学调到了中国社科院拉丁美洲研究所，这之后我的主要工作是给中国讲拉美的故事，研究拉美问题。

2019 年，我有幸陪同社科院的领导出访拉美。在那次出访过程中，我作为一个翻译发现了一个问题：过去跟拉美学者交流的时候，我是一个受益者，因为我是研究拉美的，我可以向拉美的学者讨教很多问题，收获满满。但是现在不同了，拉美的学者会问我中国的情况和问题，那个时候我就回答不上来，因为我对中国其实不了解。我经常站在窗户旁看着窗外，我竟对我自己的家了解得非常少。当我陪同真正懂中国问题的专家出访拉美的时候，虽然他们不会西班牙语，但是通过我的翻译也可以和拉美的学者交流得很好。而且我往往能看到拉美学者眼中那种满满的收获感。这是以前我们作为拉美所的人出访拉美时所得不到的，因为我们经常让他们失望。他们问我，我往往一问三不知。

所以从那时起，我的研究就开始有了另外一个新的方向，就是在对中国讲拉美故事的同时，我也在尝试着向拉美讲好中国的故事。这两年，我试着用西班牙语讲述一些我们中国的历史，或者是当代中国的一些情况。我本人也在翻译《中华人民共和国简史 1949—2019》的西班牙语版。所以我其实是一个初学者，也是一个讲好中国故事的实践者。

大家可能对拉美没有那么熟悉。借此机会，我跟各位老师简单地说明向拉美讲好新时代中国故事的重要性，而且我觉得这样做正当时。为什么讲拉美地区很重要？习近平主席多次强调，国际传播要广交朋友，团结和争取大多数人，不断地扩大知华友华的朋友圈。拉美地区虽然是离中国最远的地区之一，但从某一个层面来说，它却是一个我们能够交到很多朋友的地区。所以我们经常用一句话来形容拉美，就是“那么远那么近”。这个“近”就指的是我们彼此的心是比较近的。从历史上看，我们以前老说“亚非拉”“发展中国家”。在亚非拉，我们有良好的友谊基础。所以从政治层面上来说，中国和拉美的关系还是有希望的。从国际关系层面上来看，中国和拉美的关系，其实一直不错。尤其是进入 21 世纪以来，特别是党的十八大以来，整个中拉关系，应该说迈入了一个全新发展的时期。习近平主席曾多次出访拉美，国家领导人之间的互访也很频繁。2014 年成立了中国和拉美共同举办的中拉共同体论坛，开辟了中拉合作的新路径。而且双方贸易也是互补的，贸易额每年都在快速增长。拉美国家对于加入“一带一路”的倡议特别积极。以前说拉美是“一带一路”倡议的自然延伸，现在我们都会说他们是“一带一路”倡议积极的响应者和合作伙伴。第一个加入“一带一路”倡议的拉美国家是巴拿马，截至现在仅仅 5 年时间里，已经有 21 个拉美国家加入了“一带一路”倡议。最近的一个就是阿根廷，冬奥会期间，阿根廷总统就来了中国，还去参观了中国共产党历史博物馆，随后很快就加入了“一带一路”倡议。希望在不久的将来“一带一路”倡议能够覆盖到拉美的所有国家。

近年来，拉美学界有一个很好的转向，就是他们开始主动关注和研究当代中国。这里简单回顾一下拉美的中国研究历程：我们知道欧美、日韩对中国的研究有很悠久的历史。以前总说旧汉学和新汉学，旧汉学更多关注中国的古代历史，思想文化等，而且历史悠久，很多国外的汉学家，中文都说得很好。拉美其实是另外一种样貌，他们对中国的研究还处于刚起步的阶段。虽然最早在

19 世纪 60 年代就有拉美人来过中国，写过游记，但那些都不能叫作真正意义上的中国研究，真正的研究是 20 世纪 50 年代，也就是说新中国成立以后才开始的。当时中国邀请了数千名拉美的知识分子、艺术家、记者等来中国访问，他们回去以后就写了不少反映中国的文献。但那些更偏重于民间交流、人文方面的交流。

真正对我们开始有一个比较高层次的研究，还是从进入 21 世纪开始的，在中拉关系迅猛发展的背景下，拉美对中国的研究，开始进入全新时期。主要有以下几个特点：第一是原有的一些机构，开始聚焦和转向。过去，拉美一些大学和智库里有跟中国研究相关的机构，名字往往叫作“亚洲研究学院”“东亚研究中心”之类。其主要研究对象是日本、韩国、印度，以及泛泛的一些亚洲地区。近年来，这些机构纷纷转向并聚焦中国研究。另一方面，诸如墨西哥、阿根廷、巴西的一些比较老牌的中国研究机构，他们以前可能更多的是研究中国的历史、哲学、宗教等等，但现在他们也开始研究当代中国了，而且已经进入主动研究的阶段。特别是党的十八大以来的这十年，据统计，拉美很多的高校和智库，都开设了当代中国研究方向的课程，招收硕士生或者是博士生。研究中国方向的机构，主要设在国际关系学院下面。现在很多国家的高校和智库，直接成立了以“中国研究”为名的专业或研究中心。截至 2020 年底，拉美 15 个主要国家一共设了 68 个中国研究中心，或者硕士、博士点，主要集中在阿根廷、巴西、墨西哥、秘鲁、委内瑞拉、古巴等国，不过和欧美、日韩相比，拉美的中国研究还是比较落后的，而且是碎片化的状态。也就是说还处于起步阶段。

正因为起步晚，他们对中国的研究，都是聚焦新时代，因为他们刚好跟中拉关系的发展同步。所以，中拉关系可以说成了拉美国家开展中国研究的助推器。从这个程度上说，拉美的中国研究者里面，研究中国的文学、历史、宗教、哲学等的其实是少数，他们绝大部分都是研究当代国际关系、政治、经济等方面。所以，这对于我们讲好新时代的中国故事是很有用的。

他们近十年对中国的研究成果很多，从 2017 年开始，有大量的关于“一带一路”倡议的文章，仅专著和论文集就达到了十多部，主题聚焦于中华人民共和国成立七十周年，以及 2020 年完成脱贫攻坚的目标，建党百年等，而且在抗疫方面，拉美学者都积极主动地为中国发声，在他们当地的媒体上声援中国。可以说有不少拉美学者都在帮助我们讲好中国故事，这对我们做好对拉美的国际传播，形成了一种助力。

最后分享一点，就是如何落实习近平主席所强调的“精准传播”。我认为就是要根据不同区域、不同语种、不同国家、不同群体、不同受众有针对性地进行传播。拉美绝大部分国家都是说西班牙语的，但西班牙语在中国高校里被称为“小语种”，而从国际上来说，它也是联合国六大语言之一，从使用的人数分布来说，它其实是仅次于中文，居世界第二。除了西班牙和拉美大部分国家以外，它在美国还是第二外语，美国有五千多万人在说西班牙语，据统计目前美国西语使用人数已经超过西班牙了，成为仅次于墨西哥的世界上第二大使用西班牙语的国家。所以从战略意义上来说，用西班牙语做好对外传播，对我们应该有很大的裨益。而且，西班牙语和葡萄牙语也很相近，所以，我们用西班牙语对拉美地区开展国际传播，讲好中国故事，也可以覆盖到葡语区。正如我在巴西和葡萄牙，都是直接说西班牙语，对方说葡萄牙语，我们能正常交流，即使在阅读方面，也能懂百分之六七十。

抗战时期美国记者对中共（或八路军）的传播

重庆大学人文社会科学高等研究院　敖依昌

从 20 世纪 90 年代以来，为了促进改革开放，增进中美两国人民的相互理解与交流，促进中美关系良性互动，重庆市根据中央的精神，成立了史迪威博物馆与史迪威研究中心。

20 多年来，在党和国家的领导下，我作为史迪威研究中心的一个专家，为促进民间外交，参与了一些民间文化交流工作。史迪威研究中心每年派出很多学生到美国的学校、家庭；也引进美国留学生与教师来我国学习交流，从而增进两国人民的相互理解、相互交流，促进两国经济以及文化的建设性、理性的合作，应该说做出了一定的贡献。20 多年来，我接待过美国著名的、对于中美关系作出贡献的布热津斯基先生，以及美国各界人士。在这个过程中，我们需要给美方讲清楚我们的中国故事，讲述我们改革开放的宗旨，我们的和平发展目标，以促进中美两国人民的相互理解、相互交流。

习近平总书记在 2021 年 11 月 16 日上午与美国总统拜登举行视频会晤。习近平总书记指出，当前的中美关系处于关键发展阶段，中美两国作为世界前两大经济体和联合国安理会常任理事国，应该加强沟通和合作，既办好我们各自国内的事情，又承担起应尽的国际责任，共同推进和平与发展的崇高事业。

如何做好这样的沟通，习近平总书记提出，要让我们讲好中国故事，要把故事讲得可信、可爱、可敬。

我认为，这就是我们搞国际传播、精准传播应遵循的发展方向与任务。

深入理解贯彻落实习近平总书记的指示，我认为应该从历史的经验中去吸取其智慧的力量，为向美国人民、世界各国人民讲好中国故事，为我们处理好今天的中美关系，构建人类命运共同体，提供有益的智慧和历史的借鉴。

以下从三个方面进行探讨：

第一，美国人士（以记者为主）对中国共产党宣传与传播的背景；

第二，美国人士（以记者为主）与中国共产党、中国共产党领导的八路军代表人物的接触和交流；

第三，美国人士（以记者为主）传播的文本。

一、背景：中国共产党领导的抗日统一战线的发展

（一）中国共产党关于发展抗战统一战线的主张

抗日战争时期，中国共产党对美国政策的制定，以及由此开展的对美国的交往活动，是在建立国际反法西斯统一战线与抗日民族统一战线发展的历史背景下，发生、发展起来的。

中国作为国际反法西斯战争的重要力量，必然要求建立最广泛的反法西斯统一战线，动员一切国际力量，夺取反对日本帝国主义及反法西斯战争的最后胜利。

20 世纪 30 年代中后期至 40 年代中期国际局势的演变，则为反法西斯统一战线的建立，乃至中共对美国统战活动的开展，提供了历史条件。

1935 年 8 月 1 日，中国共产党发表了著名的《八一宣言》，提出停止内战，集中一切国力去为抗日救国的神圣事业而奋斗的主张。

1935 年 12 月在陕北瓦窑堡召开政治局会议，中共中央根据国内国际形势的变化，以及共产国际七大的会议精神，制定了建立抗日民族统一战线的方针，同时也就党的对外政策做出了重大调整。

中共中央公开呼吁，“拥护和平阵线，应同英美法苏订立各种有利于中国抗战的协定，并在宣传中反复强调，英美法等国在反对日本侵略方面与中国的

利益是一致的”。

瓦窑堡会议标志着中国共产党战略方针的重大转变，中国共产党联合英美等国反对日本侵略的策略初露端倪。需要指出的是，中国共产党为了争取抗击日本帝国主义侵略的胜利，不仅促成和坚持国内抗日民族统一战线的建立，还极力倡导建立最广泛的国际反法西斯统一战线。

（二）老一代革命家直接推动国际统一战线的发展

毛泽东同志在 1941 年 6 月 23 日指出，“目前共产党人在全世界的任务是动员各国人民组织国际统一战线，为着反对法西斯而斗争，为着保卫苏联、保卫中国、保卫一切民族的自由和独立而斗争”。

早在 1936 年 7、8、9 三个月中，毛泽东同志在同美国记者斯诺的谈话中就十分明确地指出，美英法苏等国人民应该结成反对日本帝国主义的统一战线。事隔半年，毛泽东同志在同美国记者史沫特莱的谈话中又指出，中国共产党主张中美英苏建立太平洋联合反法西斯统一战线。

1941 年 12 月 11 日，中国共产党发表宣言，号召中国与英美及其他抗日诸友邦缔结军事同盟，同时建立太平洋一切抗日民族的统一战线，实行相互配合作战，坚持抗日战争，直至完全胜利。

综上所述，在国际反法西斯统一战线形成的过程中，中国共产党极力倡导全世界反法西斯的所有国家与民族一致联合起来，共同抗击法西斯的侵略，对国际反法西斯统一战线的建立作出了卓越贡献。这就为抗战时期中国共产党对美国政策的调整、制订，以及同美国的交往奠定了政治基础。

二、美方人士与中国共产党的接触与交往

（一）美方记者与中国共产党的交往

1. 埃德加 · 斯诺

1928 年，埃德加 · 斯诺来到上海担任《密勒氏评论报》的助理编辑，以后

兼任《太阳报》和《每日先驱报》的特约评论员。

从 1936 年 7 月 13 日，斯诺到达当时中共中央所在地——保安，到 10 月 12 日离开。在这 3 个多月的西北苏区之行中，他先后采访了毛泽东、周恩来、朱德等高级领导人和红军将领，并深入前线了解红军的情况，掌握了关于中国共产党和红军的丰富的第一手资料，写出了《西行漫记》（即《红星照耀中国》），是第一部向全世界公开发行的，高度赞扬中国共产党和红军的著作，产生了重要影响。

2. 史沫特莱

继斯诺之后，另一位美国进步记者艾格尼斯·史沫特莱开始了她的延安之旅。

1937 年 1 月初，中共正式邀请史沫特莱访问延安。1937 年 1 月 13 日史沫特莱从西安到达红一方面军司令部所在地——杜里镇。不久她到了延安，直到 9 月 7 日才因背伤而离开。在延安期间，出于对朱德的真诚敬仰之情，史沫特莱决定为朱德立传记，后来写成了《伟大的道路：朱德的生平与时代》一书。

1937 年 9 月中旬，史沫特莱来到西安八路军办事处。在西安期间，史沫特莱跟随八路军总部转战五台山、吕梁山一带，在抗战前线采访，报道了平型关大捷，以及八路军开进敌后，放手发动群众，开展游击战争的业绩，并把它们汇编成《中国在反击》一书，于翌年在纽约和伦敦出版。在这本书的字里行间流露着史沫特莱对参与中国人民解放战争的普通中国民众的挚爱和深情。

3. 海伦·斯诺（尼姆·韦尔斯）

1937 年 4 月 21 日，斯诺的夫人海伦·福斯特·斯诺（即尼姆·韦尔斯）从北平出发前往延安采访。她乘汽车于 4 月 30 日到达彭德怀的司令部，再由彭德怀派人送她到延安。她以笔名尼姆·韦尔斯出版了《续西行漫记》（原名《红色中国的内幕》），同样产生广泛影响。

4. 福尔曼

美国著名的摄影家和记者。1937 年七七事变前夕，福尔曼以摄影记者的身份采访了陕北的红军。七七事变当晚，他正在贺龙的司令部。此行他拍下了大量反映红军情况的照片。

5. 斯特朗

1937 年底，长期关心中国革命的美国记者安娜 · 路易斯 · 斯特朗再次来到中国。她热情赞颂了中国革命。1938 年 1 月初，她在八路军司令部住了 10 天。先后会见了朱德、彭德怀、刘伯承、贺龙等八路军将领。采访之后，她撰写了《人类的五分之一》一书，介绍了共产党、八路军的抗日斗争以及战略战术，热情讴歌了中国人民伟大的抗日战争。

6. 白修德

白修德于 1939 年 4 月来到重庆。通过与周恩来、董必武等共产党人的接触，白修德逐步了解了中国的实际情况。1944 年底，白修德到达延安进行采访。之后他与王安娜合作写下了他最重要的著作《中国的惊雷》。

（二）美国军方与中国共产党的接触

1. 美军观察组

1944 年 7—8 月间，美军观察组分两批共 18 人抵达延安，观察组组长由在中国生活了 20 年，通晓中文，时任战区情报官的包瑞德上校担任，成员中有谢伟思、卢登；还有步兵、信号兵、航空兵、军医等，分属美国陆军、空军、海军各系统。美军观察组到延安后，受到毛泽东、周恩来、朱德等人的热情接见，为他们的工作提供了种种方便。中国共产党与美军观察组在考察敌后根据地、营救美军飞行员等方面进行了卓有成效的合作。观察组成员在延安及陕甘宁边区广泛深入地考察，目睹了一个军民团结、斗志昂扬、欣欣向荣、丰衣足食的新天地，并用相机记录下一个个珍贵的历史镜头。

2. 卡尔逊

美国海军陆战队军官卡尔逊是走访中国共产党领导的敌后抗日根据地的第一位美国军人。他曾经三次来到中国，对中国的历史和文化有很深的了解，对八路军进行第一次考察之后，在给罗斯福总统的报告中，卡尔逊写道："中国共产党代表中国的未来，八路军是一支新型的军队，一支注重思想教育、官民平等，充满朝气和富有战斗力的军队。"卡尔逊从 1938 年 5 月初到 8 月初进行了他的第二次考察，他拜访了毛泽东、周恩来、彭德怀及张闻天等共产党和八路军领导人，观看了延安军民的军事训练情况，访问了延安的一些八路军机关、学校和群众团体组织，并拍摄了许多照片。他还拜访了邓小平、徐向前、贺龙等八路军领导人。到了 1938 年 8 月上旬返回汉口后，他又会见了周恩来、叶剑英、博古、王明和项英等。

1940 年，他在美国出版《中国的双星》一书，真实地记录了他在中国各战场游击区考察的情况。

3. 史迪威将军

著名的美国友好人士，史迪威将军总共五次来中国，太平洋战争爆发后，他奉命前来中国，作为罗斯福总统的驻华军事代表，开始履行其职业军人的历史使命。

1944 年，在史迪威的努力倡导下，美军观察团抵达延安。观察团离开延安之后史迪威做了一个汇报，史迪威更加清醒地认识到，中国共产党是"中国最团结、最进步、最强大的势力"；在给马歇尔的报告中说："他们和我已经联系过了，我们必须让共产党得到援助。"史迪威主张把美国援华的军用装备的 50% 分配给中国共产党领导的八路军及新四军。

三、美方人士对中国共产党的传播文本

（一）美方记者撰写的书籍及报道

抗战时期，来华美国记者根据其所见所闻对中国的抗战进行了大量的报道，也留下了许多论述著作，通过他们的报道，西方国家开始真正地认识到中国共产党及其领导下的八路军、新四军所进行的抗日战争。这些著述及报道为世界了解中国共产党，也为中国共产党走向世界架起了一道理解的桥梁。

1.《西行漫记》

《西行漫记》（又名《红星照耀中国》）是埃德加·斯诺于1936年6月至10月，进行实地采访考察后写成的报告文学。该书出版后立即轰动了其国内外，震惊了世界人民。直到现在它仍然是国外研究中国问题的首要读物。

毛泽东同志看了这本书后曾说过，这本书是外国人报道中国人民革命最成功的两部著作之一。它使美国人民和世界人民从中了解到中国共产党领导下的中国人民艰苦卓绝的革命斗争，和中国人民抗日民族解放战争的伟大力量。

2.《伟大的道路：朱德的生平与时代》

美国著名左派新闻记者，共产党员史沫特莱倾注十余年的心血为朱德做了一部传记——《伟大的道路：朱德的生平与时代》。《伟大的道路》呈现了一个无产阶级革命者的形象。史沫特莱不仅真实地记录了朱德60岁以前所走过的艰难曲折的道路，也展现了一幅中国新民主主义革命历史壮丽的画卷，这本书自1955年以日文出版问世以来，又先后在世界各地出版了德语、俄语、法语、西班牙语、孟加拉语、丹麦语、意大利语等八个语种的译本，在各国进步人士中产生了深远影响。这本著作和斯诺的《西行漫记》一起，被誉为西方人向欧美，以及全世界介绍中国共产党革命历程的经典之作。

3.《续西行漫记》

1937年，美国进步女记者海伦·福斯特·斯诺继其丈夫埃德加·斯诺之

后，秘密访问了当时中国革命的中心延安，与中国共产党领袖进行了广泛的接触。《续西行漫记》（原名《红色中国的内幕》）就是她以笔名尼姆·韦尔斯出版的关于此次访问的纪实性著作。作者不仅以生动的笔触热情地歌颂了陕甘宁边区人民的劳动生活、八路军官兵的英勇抗战和革命根据地的政权建设，而且真实地记载了鲜为人知的她与中国共产党领袖毛泽东、周恩来、朱德及彭德怀等人的密切交往，因而《红色中国的内幕》不仅极具可读性，而且极富史料价值。

4.《人类的五分之一》

美国著名的进步记者和作家，也是中国人民诚挚的朋友安娜·路易斯·斯特朗到山西五台山八路军总部，采访了朱德、彭德怀、贺龙、刘伯承等八路军高级将领。她根据这些采访记录写成了《人类的五分之一》一书，作者讴歌了中国军民同仇敌忾、不屈不挠地抗击日本侵略者的斗争，并坚定地向世界宣告中国抗战必胜。

（二）美国军方的报道

1. 卡尔逊直接给罗斯福总统的报告

前已述及，美方记者关于中国共产党的报道在美国产生了很大的影响。罗斯福总统对中国共产党的了解始于斯诺的《西行漫记》。

于是，罗斯福总统派出其私人代表，总统卫队长卡尔逊访华，专门与中国共产党及其领导的八路军交往。自此，中国共产党与美国政府开始接触。

卡尔逊给罗斯福提交了报告《中国的双星》。

1937年，卡尔逊以美国驻华大使参赞、上海美国海军武官处情报官的身份来华，从1937年夏天开始，卡尔逊便定期向白宫报告他在中国的见闻，供总统参考。

卡尔逊这样向罗斯福描述他所见到的朱德："他有着格兰特（尤利塞斯·S.格兰特，南北战争时的北军统帅）的坚毅和李（罗伯特·李，南北战争时南军司令）的厚道。”卡尔逊详细记述了他与中国共产党领导人接触的情况，较客观地反映了八路军的战绩和敌后抗日根据地及游击区的状况，对共产党、八路军表示了很大同情。由于这些信是直达美国总统的，因而，有助于罗斯福总统形成对共产党和八路军抗战积极的正面印象。

2. 美军观察组的报告

美军观察组把在八路军根据地的所见所闻，向重庆美军总部和华盛顿发回大量报告。到 1944 年 9 月 27 日，两个月中就发出各类报告 112 份，报告当中有关于军事方面的直接材料，还有大量对中国共产党和八路军积极抗战的情况、今后趋势的政治估计和对中国政局、美国对华政策的分析。

1944 年 8 月 25 日，谢伟思在报告中建议美国政府将援助国民党转为援助中国共产党。10 月 9 日，谢思伟在报告中得出共产党将在未来的中国占有重要领导地位的结论。

美军观察组的报告在驻华外交人员和军事人员中被广泛传阅，报告还被送往了美国国务院、陆军部，给美国政府和舆论界吹来了一股清新的空气，加深了美国政府和公众对中国共产党及其领导八路军、新四军抗战贡献的了解。

（三）美方人士传播中国共产党的影像记录

值得一提的是，来华传播中国共产党的美方人士中除了记者、军方人士外，还有摄影师，他们用影像的方式记录下了中国共产党领导下的红军、八路军的珍贵抗战影像。

1. 斯诺是首位为中国工农红军进行影像记录的外籍记者。1936 年 6—10 月斯诺访问陕北苏区期间，不仅记录了大量文字资料，而且拍过不少照片和 16 毫米纪录片电影素材。

2. 继斯诺之后，美国人哈利 · 邓汉姆来到革命根据地拍摄八路军的新闻纪录片。

3.《四万万人民》是纪录片大师伊文思拍摄的左翼电影创作中的代表作。

伊文思拍摄的《四万万人民》，由美国当代历史电影公司发行，因此也成了美方人士传播中国共产党较全面的影像记录。

1938 年，伊文思拍摄了台儿庄会战以及宋庆龄、何香凝等在武汉的活动，还拍摄了八路军办事处周恩来、林伯渠、董必武、叶剑英等人的镜头和他们研究军事形势的场景。该片于 1939 年正式发行，在美国、法国、荷兰、比利时等国放映，受到西方观众热情欢迎，连罗斯福总统也单独看了这部影片。伊文思还在影片中通过对抗战形势图的分析，表明八路军和新四军才是中国抗日的真正主力。在他临离开中国时，为了表达对中国共产党的支持，伊文思把他拍片的一台手提摄影机和数千尺胶片赠送给武汉八路军办事处。

“变脸人生”

——民间非遗传承人在国际传播中的城市主体价值

重庆川剧院　丁　力

灿烂的中华传统文化，凝聚着中华民族博大精深的文化精髓。21世纪必须大力弘扬中华传统文化，增强民族自豪感和民族自信心。

丁力演出川剧时的剧照

一、艺术应该包罗万象，但传统文化应无出其右

艺术是包罗万象的，在艺术领域的所有艺术门类都必须得到尊重。包括嘻哈、摇滚、音乐剧、芭蕾等艺术形式，但这些应该区别于我们自己的传统文化。与其他国家的戏剧和音乐剧一样，川剧有很多语汇。有时候舞台表演没有

台词也没有唱腔，仅凭肢体语言和面部表情来传达其艺术内涵。例如，芭蕾表达情感的方式跟很多中国传统戏剧一样，不用字幕也没有唱腔。这是生命之间的对话。在世界范围内传播中国传统文化的关键不在于语言，而是对艺术和文化的认知和接受度。可以在海外演出的曲目都需要经过讨论，其内容都应该能被当地公众理解和接受，对剧本内容的理解能力取决于个人的艺术修养。

新中国成立后，中国传统文化得以传播和发展，但要保持其传统根源不变。无论是流行音乐与戏曲演唱的融合，还是传统服饰与现代服饰的结合，只有以传统内容为前提才得以发展出新的风格。比如，服装搭配，只有关于服装及其背后文化的知识储备足够丰富，搭配和设计的服装才会有所不同、有所创新。

2000 年中央电视台戏曲春节晚会片段，结合京剧、豫剧、秦腔和川剧，四种剧融为一体，右一为丁力

中国的戏曲是无价的。传统文化要系统地、持之以恒地发展，而不是像一些昙花一现的影视剧。有很多影视剧，为了提高经济指标，根据大数据选择大

众喜欢的、有流量的题材来提高收视率，这对中国传统文化的发展有一定冲击。除了发展新的影视剧和新的媒体，我们还要耕耘和坚守真正的传统文化。

二、建立川剧基地，弘扬精彩传统文化

2018 年，国家加快构建传统文化传承体系，川剧得以进一步走进校园，从小学一年级到中学再到大学。我本人教授川剧艺术，传播中国传统文化，开始担心一年级的孩子听不懂，后来发现他们完全能明白。这可以成为媒体、学校、家长、政府、从业者携手合作的一个契机——让传统文化传承从孩子做起。例如，在学校可以将川剧艺术与音乐课、课外活动相结合，让传统文化很好地融入课堂，不占用课堂时间，仅用闲暇时间弘扬灿烂的传统文化。

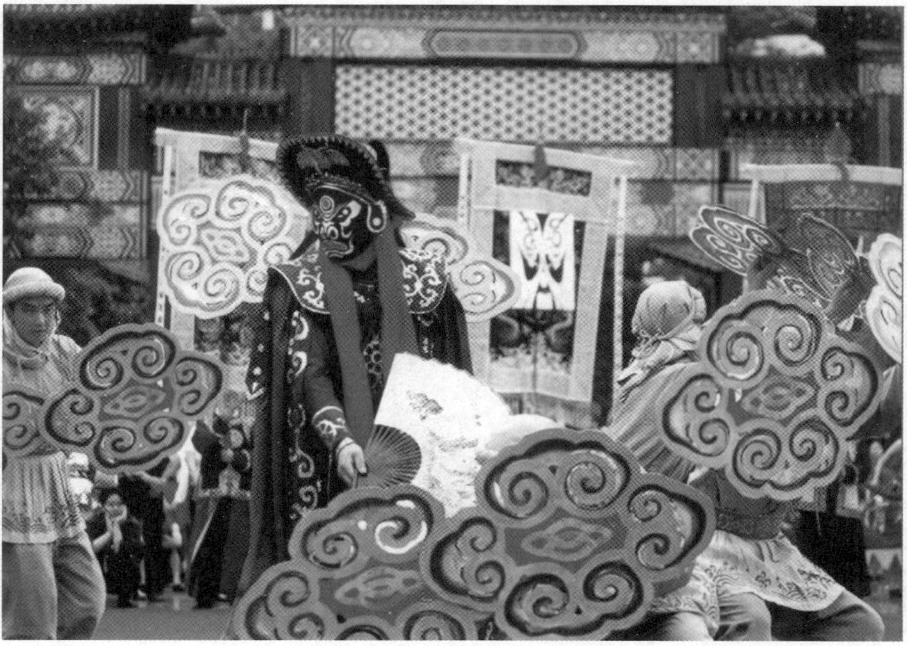

丁力演出川剧时的剧照

重庆大学就有川剧基地，我和夫人曾受邀协助该基地的川剧节目排练，该

节目通过孔子学院在意大利和法国先后公演，将中国传统文化带上世界舞台。同样，由于学龄期是孩子学习新事物的最佳时期，外界的影响对于孩子的启蒙至关重要。我想，只要能有所影响，不管是一个人，还是十个人，都是一件好事。由于当前网络和新媒体的力量，资讯传播迅速，也要正确引导和传播传统文化，避免文化断层。

三、继承好已有的传统，才能有更深一步的发展

中华上下五千年，悠久的历史给我们留下了许多优秀的文化遗产。先不说创新，保护和传承好这五千年的文化历史，就足以使中华文化在世界文化舞台上独树一帜。

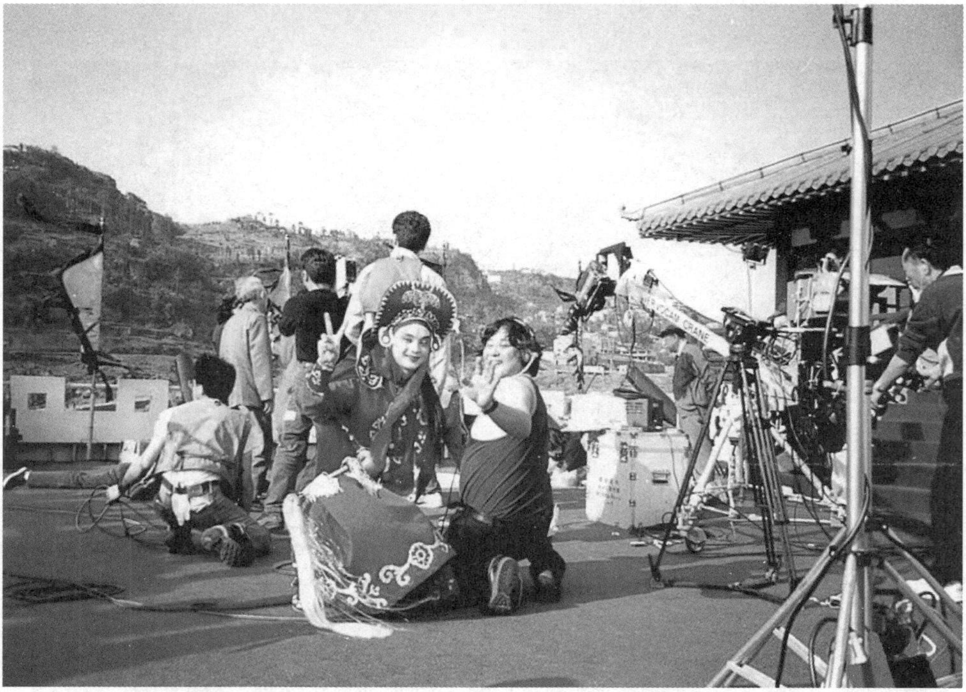

日本 NHK 拍摄“优美的长江三峡”，丁力和导演的合照

中国人不应该盲目追随流行文化，我们应该继承我们国家已经存在的东

西。有很多品牌，一般50年左右就会消亡。这对文化传播和发展而言是非常危险的。反观日本和韩国在保护其传统文化方面做得很好。例如，在日本歌舞伎中，演员们穿着颜色绚丽的和服，化着白色的妆容，演出者通过花道与观众进行交流。此外，还有很多其他国家在发展和保护传统文化方面也做得很好。

希望媒体、公众、高校和政府能够不断地、有针对性地宣传中国传统文化。我们不能什么流行就引进什么。而戏曲，比如川剧，都有着几百上千年的历史，这才是我们该注重宣传的。如果我们都没有继承好上下五千年的历史，又何谈发展。

在前往三峡的游轮上表演川剧，和美国朋友的合影，右一为丁力

从事艺术行业40余年，我对年轻人喜欢的新媒体、短视频、沉浸式艺术等同样持开放态度。但我认为这些形式有点杂芜和浮躁，没有一定深度的艺术

内涵。这也是很多年轻人不能完全理解经典戏曲的原因。很多时候，我们对他国文化的了解只是冰山一角。我们从其他国家应该学到的最重要的一课是如何保存和传承好自己的文化。只有先继承好自己的文化，才能欣赏和学习到别人的文化。

社会组织如何做好城市国际传播

重庆市亦格社会发展促进中心　陈　凡

重庆亦格成立于2014年，我们立足中国的西部地区，致力于推动社会平等的理念。亦格的工作主要是推动一些国际合作的平台的搭建，向世界展示中国和重庆发展的一些理念。我个人研究生毕业之后，一直在从事社会组织的运营管理工作，也先后参加了中欧、中美和中日的一些领导力学习和交流访问的项目。

今天我就社会组织做好城市国际传播这一议题作三点分享。首先是我理解的社会组织和城市传播之间的关系。社会组织其实是我们一个人在城市生活里一个重要的单位，为什么这么说呢？今天我们其实也谈到，为了追求更好的发展，当今中国有大量的农村和城镇人口涌入大城市，大城市的教育还有医疗资源非常集中，2022年的应届毕业生有1076万，这些毕业生可能绝大多数都愿意留在大城市生活。但一个刚刚毕业的大学生如何才能在一个城市里真正地扎下根来呢？我们的印象中，第一就是找份工作，第二买套房，成为一名城市的业主并落户。在这次上海防疫封控中，不知道大家有没有关注，像一些“00后”的楼长，在防疫工作中崭露头角。另外就是融入城市的渠道是什么？实际上就是加入一个社会组织。通常讲，我们说的这个社会组织，有几种不同的类型，第一个就是基金会，比如国际公益基金会等。第二种社会组织叫作社会团体，就是某些行业的协会、商会，还有包括校友会，它们都是社会团体。第三种社会组织的类型就是社会服务机构，重庆亦格就是一个社会的服务机构。可能在之前，社会组织一直活跃在我们周围，但我们没有意识到这是社会组织。

还有一些叫作非法人组织，比如，服务队、兴趣小组，也是一种社会组织的形式。在城市生活的人，加入一两个这种专业的或者松散的社会组织可以提高其城市归属感，提升生活幸福感，同时也是我们享受中国经济发展红利的一种方式，进而实现更好的个人发展。所以社会组织是一个人在城市生活的重要单位。大家可以自检自测一下，大家现在身上是不是有社会职务，是否加入一些社会组织之中。

社会组织实际上是城市形象一张生动的名片。2012 年我研究生毕业的时候，就希望进入公益慈善领域工作，于是我就先去了深圳，深圳当时很“火”，正在举办第一届中国公益慈善项目交流会。那时的深圳，给我留下非常深的印象，因为深圳在海边，一会儿就是瓢泼大雨，一会儿又突然间放晴。那个时候，我就躲进一个公交站，公交站对边就是两面巨大的广告牌，上面一共是 24 个人，下面写着：“来了就是深圳人，来了就做志愿者。”当时给我的冲击非常大，2012 年，我作为一个前途未卜的毕业生，会觉得来深圳这个地方是值得的。那时深圳是个小渔村，也是名副其实的移民城市。深圳人通常有两份工作，第一个就是勤勤恳恳的日常工作，另外他们又会在业余时间参与这个城市的建设，基本上到节假日或者周末，一定会加入他们社区的一些志愿服务的机构，到处可以看到各种“小马甲”，还有各种小彩旗在那飘。实际上这些社会活动也是城市生活一个最好的宣传。

我在重庆待了 7 年，也见证了重庆翻天覆地的市容市貌变化过程，在这里认识了非常多让我终身受益的老师和朋友。我对重庆人的耿直热情和乐观向上的精神，还有日常生活，历史底蕴和市井风貌都有很深的体会，可以说它们极具感染力，甚至有传染性。所以来重庆没多久大家基本上都会说两句川普。这些都是反映城市形象的生动名片。

第二部分想跟大家分享的，就社会组织而言，传播是其最最重要的工作，也是社会组织实现可持续发展的一个工作，社会组织中我们更强调“组织”。

在英文里面叫 organization，它的词根实际上是“organ”，它代表的是一种器官。就这个词本身来说，一个有生命力的组织，其实就像一个器官，它是一个有机体，最主要的功能就是生长、联系、组织、协调和整合，这就是社会组织。我们现在会接触到很多专业的项目制的社会组织，它们在项目执行上非常专业。正如此前所讲，社会组织从其发起来说，其实就是要去重新整合社会资源和财富。最近受到关注的二舅的故事，这个现象级的作品，让我们的目光迅速地聚焦到了华北的一个小村子，而二舅的背后，代表了如今更多正在空心化的农村。这也是社会组织的传播效果，如果一个社会组织具有强大的社会传播功能，传播和组织就能重新去连接捐赠者和受益人，那我们能够在中间通过一个高效专业的工作，去激发这个社会的活力，从而弘扬正能量。所以说，传播是社会组织实现可持续发展的一个最重要的工具。

第三个方面，主要从亦格的角度，就社会组织做好城市的国际传播谈一些心得。第一是做好基本功，刚才说社会组织最首要的就是定位，即你是一个什么类型的组织，是基金会、商协会、社会团体，还是一个社会服务机构。第二个就是服务的目标人群是谁。社会组织的工作就是一个系统工程，所以传播的开始，永远是从研究传播对象开始的。到底要把信息给到谁，这些人是什么背景，有什么喜好。然后，针对目标人群的特点，去设计什么样的传播素材，我们现在就有网站，“两微一端”，还有传播对外的整体的视觉材料，邮箱等。其实在国际传播当中，这个邮箱的后缀就非常重要，从后缀可以看出是否有专业的精神。传播的第三步，就是研究什么样的传播渠道能够让内容得到精准分发，触达传播对象，从而产生传播效果。在国际传播当中，我们要非常强调一点，就是使用国际交流平台。要善用各种国际平台，包括积极地承办、协办各种国际会议，亦格跟中国人权研究会，包括西南政法大学的人权研究院、非传统安全研究所举办过多次专题性的国际会议，还针对大家关心的新冠肺炎疫情、生命的健康权保障等专题展开讨论。还有一种方式就是我们积极参与国际会议，向世界介绍我们的经验。我们亦格的成员，这边也有我们几位同事，多次注册参加了联合国的人权理事会，在各种的主题边会上就中国的发展，还有弱势群体的保护、环保、扶贫等问题开展交流。第三，我们也给中国的民间社会组织搭建平台，大家一起走出去，一起往外走。我们组织的包括以大学生、NGO 从业人员为主的一些环境游学的活动，参访了瑞典、芬兰、爱沙尼亚等国的一些环境组织和机构，和西班牙的皇家研究所，葡萄牙的人权观察站，还有一些大学的研究所，以及和波兰华沙大学也都建立了合作和交流的关系。

总的来说，第一，社会组织是人们城市生活的一个重要单位，第二，它也是我们城市国际形象传播的一张生动名片。就像我们这次论坛，近者悦，远者来。作为社会组织，最重要的就是关注其传播的属性和功能，这是社会组织的生命力所在。社会组织作为一个社会的组织和器官，它的天然属性就是要积极地去和各种会议、平台做对接和互动，从而形成一个有机的命运共同体，相信这个也是我们大家期待看到的。美美与共，天下大同。

从南美华商发展脉络谈城市国际传播

重庆西朗进出口贸易有限公司　刘　丹

我有两个角色：一个是创业者，另一个是旅行者。疫情没来的时候，我一年大概有一大半的时间，都在南美洲的十几个国家，不停地去看我的经销商，和他们一起去各个乡镇做推广，同时还到处游玩。这种生活是我在大学时就给自己规划好的。2002年我毕业于上海理工大学。在上大学的时候，我就不太是一个“正常”的学生，脑袋里每天都充满着奇思怪想。当时看了一部电影，了解到拉丁美洲的壮美景色和绚丽人文，可以骑着摩托车周游整个大陆。我觉得这个挺酷的，将来说不定我可以去，只是没有“革命”的机会。那既然我们没法做“革命”，那我们可以来一场商业上的革命。

所以回到重庆几年之后，我就一直在看有什么东西可以卖去拉丁美洲，同时又不离开我们重庆。结果我就发现整个拉丁美洲的摩托车大部分来自重庆，我小本小利，没法去搞摩托车这么大的生意，但搞点小配件是可以的。所以大概在2006年的时候，我就带了一点重庆的摩托车配件，第一次去到巴西，结果刚刚一到巴西，就发现这个东西怎么能卖得出去，南美人认为中国制造就是低端、山寨。他们更不知道我们这个西部城市居然号称“摩托车之都”，他们大量使用的产品，大都来自意大利，来自中国台湾。我们的东西比他们便宜很多，但是送给他都不要，因为我们是“中国制造”。我这个人很怪，我觉得越是困难的东西，就越有玩下去的可能性。所以我在当地找了一个很好的伙伴，我说既然他们整体这个行业不接受，我们就去到他们的农村。毛主席教导我们“农村包围城市”，所以我就带着我的产品到了各个乡镇，一到乡镇，首先就去找当地的某一个餐厅，摆一些桌子，把我这些产品摆在桌子上，再让我们的代理商和他的团队把那些客户全部叫过来，给他们讲我们这个产品怎么好。发现还是不行，因为他们从认知上不喜欢中国。后来我想，有什么东西可以让他们爱上我们的国家、我们的城市，顺便让我可以卖出去东西。我想了个办法——推介重庆，那时候特别流行《鸟瞰新重庆》的短片。我每到一处，就把那些客人全部叫过来，首先看《鸟瞰新重庆》的片子。然后把我们的供应商很好的设备和工厂等展示一下。同时再送他们很多礼物，请他们吃饭。这下，这些老外发觉中国根本不是像他原来想的贫穷、落后、愚昧，而是一个正在兴起的新兴的工业大国和强国。再加上我们的产品确实还不错，价格又比他现在用的便宜好多，慢慢地我们就在巴西打开了市场。

顺着这条路，我就一步一步地到了乌拉圭，到了阿根廷，真的沿着那个电影里的那条路，一直走到了中美洲！我这样“玩”了有十几年的时间，在摩托车配件这个领域，我们在当地名列前茅，还打败了很多国外的大品牌。我刚刚给大家讲这个故事，是为了告诉大家，其实我们有很多中资企业在南美洲做了很多关于我们国家的城市推广工作。当然我国优秀企业的代表，像华为、小米、格力它们做得更好。另外我们在当地也做了很多公益，比如厄瓜多尔大地震时，我们派我们的经销商去做了一些捐赠。新冠疫情暴发时，我们捐了很多很多合规的免费医疗物资给他们。

我上半场的故事就讲完了，如果光讲到这里没什么意思，我要给大家讲讲我的下半场。不夸张地讲，我是整个西南地区最了解拉丁美洲的人，因为我去过那里几百个乡镇，有数不清的好朋友在那里。因为我希望把我的商业做成像一个田野调查一样。所有的人都觉得我们非常的友善，我们的产品让他们的生活水平得到大大的提升，因为他不用再多付 3 倍至 5 倍的价格去买那些欧美产品了，所以他对我们是很喜欢的。但是大概在 2016 年到 2017 年期间，我们发现情况在慢慢转变，有一次我和我的一个经销商去到一个乡镇，我就去到经常去的一个商店，他的老板和老板娘过来聊天，我说“我又来了，中国人又来了”。这个镇上本来很少见到中国人。他说我现在不太想和你们中国人说话。我问为什么？他说你知道吗，我隔壁也开了一个摩托车配件商店。在我们的国家，最近不知道有什么问题，突然冒出很多中国人开线下的商店，各个行业，他们以前大部分是做餐厅和五金店这两个行业。但这几年他们发现摩托车配件挺赚钱的，或者做分销挺赚钱的，所以他们也开了这样的商店。我说没问题，我们就公平竞争，你怕什么，他说你知道他们怎么做生意吗？我们国家的人卖摩托车配件一般要 50%~60% 毛利；我们 10 点开门，5 点关门，我们就开着玩，混口饭吃。做生意这个东西绝对没有我们天天喝啤酒、跳拉丁舞重要。但是你们中国人，早上 7 点钟开门，晚上 11 点钟关门，7 天无休。你知道他们多恐怖吗？他们是可以生活在监狱里的人。我说为什么。因为他们的商店用防盗窗，一个个把铁丝网做得非常坚固，只留一个把手伸进去，把货送出去，然后把钱拿进来的地方。他们吃喝拉撒全在里面，几乎看不到这帮人出来做社交、运动。然后他们的语言很神奇，他们除了跟钱相关的西班牙语，其他全部不知道。他说这种情况正在拉丁美洲的各个国家发生。我去到很多国家都遇到这样的问题，他们的亲戚，通过他们的这种宗族网络，不断地来到拉丁美洲。但这不是最重要的，这只能反映中国人勤劳，勤劳致富各方面是没有问题的。但是在这当中有一部分人存在一些问题：第一，他们在进口的时候，那些关税缴纳可能就不那么规范；第二，卖出去的时候，按拉丁美洲要求，买一瓶可乐也是需要付税的，也需要打票的，但这些中国人有很多也不会交，那这种情况下，他们又搞薄利多销，加之其中成本又少了很多，于是本地人的一家家商店就被这样挤垮掉，而且这个趋势还在蔓延。所以现在在拉丁美洲很多地区，对华商的印象也在迅速变差。我告诉那位老板，其实中国的华商有很多种，这是一类，我们是一类，尽管对你们来说，我们都是中国人，我们有黄皮肤的脸。

我给大家讲的这些，都是目前真实发生的事情。刚刚听了各位专家和老师的演讲，我觉得我们的国家变得强大，我们做出了很多的努力，希望我们不被西方诟病。但是，我们中间有一小部分人的做法可能无意中起到了反作用。所以这些问题，希望能够得到我们政府和专家的一些重视。因为对我来讲，我大部分时间是生活在拉丁美洲的各个乡镇上，所以我能感受到这个变化和他们对我们的态度，这是在拉丁美洲现在正在发生的。当然我知道在非洲也在发生类似的事，可能两者间还有一点不尽相同。

“剧透”——用戏剧思维透视城市国际传播

重庆大学美视电影学院　丁　乙

一、戏剧思维展望城市国际发展

首先，戏剧的基本成分与形态有三个部分，即故事、人物和事件。这是我们通过戏剧的方式去理解的，当然如果我们纵观人类社会，每一个城市，每一个国家；人与人的沟通，国家与国家之间的交流，都是作为一个身份，一个形象，一个识别角度，从陌生到熟悉再到亲近关系的发展与变化。

所谓人生如戏，戏如人生。我们这个世界就是一个大舞台，我们的国家和我们的城市，都在这个舞台上孕育而生，蓬勃发展。所以不管是哪个城市，包括我们的重庆，都有自己的特色、形象和它的历史、人文、故事。好比我们去追忆一段历史，而这段历史，可以把它比作一个人的经历，而这个人他经历了什么，他有什么故事，他的发展，这些才是一个城市的根基。正如姜文之前讲过的一句话：“当今世界我们人类的技术一直都在发展，但是我们人类并没有发展。”从本质上来讲，我们人类发展总线确实也是如此，情感上无非也就是爱恨情愁，人生仪式无非也就是我们自己的婚丧嫁娶，人生苦短，生老病死。从社会追求上，同样的，我们不断地在拼搏，不断地在向上，不断地在追求。

二、城市故事与历史记忆

左右两幅照片分别是巴黎和迪拜，它们分别在两个不同的国度，一个在西欧，一个在中东。但是通过建筑我们能够直观地感觉到它们的联系，都通天向上，都有雄伟宏大的一面。但是从艺术的审美角度去意会建筑的形态，每个建筑有它自己的寓意，而这个寓意就会产生并直接联系一个城市的形象，那么这个城市的形象的对比是时间（历史积淀）。

迪拜塔体现出他们有自己意志的最高，要向所有的人类、社会和国家表征自己，表现一种震撼的力量。而埃菲尔铁塔，因为是建筑师埃菲尔设计并建造的，故以他命名。其设计内涵是为了纪念和留住他深爱的夫人，能够通过这个“通天塔”，触摸到身在天堂的爱人。这个设计的概念本身就是一段故事。如果当我面对迪拜塔的时候，它背后的蕴藏的历史故事和情感寄托，都要少于巴黎埃菲尔铁塔。

下面两图所示，一张是纽约时代广场，而从另一张圣彼得堡冬宫的照片里，大家可能直接联想到列宁，想到十月革命打响的第一炮。两图反映出两城不同的遭遇，它们各自的城市风格、性格。当我们提到纽约，它会给我们一种繁忙、热闹、积极向上的感觉。但同样，它们有自己的色彩和形象，是当年时代的“十字路口”，

寓意着“美国梦”“淘金热”的历史延续，每个路口都可能是自己的掘金之路。而在俄罗斯圣彼得堡的冬宫，它则代表着一个人的审美记忆，冬宫曾是属于叶卡捷琳娜二世女皇的私人博物馆，无形中体现着她本人对艺术的追求，及其艺术审美的品位。所以从建筑视角的比照，我们也能看到，当今更多的是追求一种意志的体现，以前则更多的是个人对艺术审美价值追求的表达。而如果往后推若干年，以后再来回想的话，同样是时代广场，也会留下一种回忆的追溯，一种象征性的表达。所以每个城市的象征和代表，通过建筑也能直观地感觉到它追求的内在和精神表达。

一个城市要同世界进行沟通和交流，可以通过戏剧的思维角度去辨析：你要给别人讲什么？要给别人表达什么？我们不能全都是高楼林立——当然重庆目前是这样的“森林”，我们重庆在两江新区有很多雄伟的建筑。但是更多的应该是表达精神的内核，在精神的内核中，我们会有更多悠久的传承，更多子

孙后代的讲述。再者，每一代讲述的不是生产与社会经验，而是富有情节性的岁月。比如父亲留下的那块表，一个斑驳的楼梯间，一块流水侵蚀的岩石上所留下的纹路，这一切都是我们可以叙说的故事与情感的寄托。当然，我们的科学技术可以更迭，可以超越，可以不断发展，但是故事，却始终会有情感的璀璨定格与思想的无限体悟。

三、塑造角色形象与传递价值内核

在这样“徒有其表”的现象下，我们应该回归自己的本心，将文化历史用故事合理化、存在化，将故事发掘出来，讲下去。重庆本身拥有着自己的历史追溯，同时需要建立一个人物角色形象——国际来往与交流，城市之间关系的建立，正如两个人物进行个人信息传递，首先就是直观的感官信息的传递与表达。所以形象的把握和塑造尤为重要。

对一个城市进行人物形象的塑造，就需要相应的视听化内容表达，通过城市的“行动”去彰显一个人物的性格特点与情感特征。用“怎么做”“做什么”“为什么”的行动三要素去分析一个城市在国际视角中如何寻求发展优势。此外，又需要一个合理的载体进行传递，例如建筑的风格、主题、样式，用既可见又可知的“无声的台词”进行角色的自我表达，比任何标语式的口号，都要来得更加深刻。从古希腊的亚里士多德“世界是什么”的角度进行思考，再用笛卡尔“如何认识世界”的视野去开拓，哲思不断从世界与人的辩证关系中寻求“出口”，在主客观二元论的气流中展翅翱翔，不变的是人在改造客观世界进程中对美的追求。

整体而言，从艺术的角度，城市里在投放，我们将表达什么，表达城市的哪个侧重点，表达城市什么角度的美。故事，可以演化成传说，甚至是传奇，流淌的是人类情感的传播与精神价值的存现方式。

最后，我们需要提高在网络层面的审美意识与审美活动。就像现在的网红打卡，作为时下的市场营销方式，这方面，需要做一个很好的审美鉴赏引导，我们不仅要创造这样的一个意识观念，在建立的同时，更多地要挖掘城市价值，通过网络和媒体平台，讲好重庆的故事，树立好我们城市的形象，做好在审美意义下，进行的历史的文化传承和国际形象定位。

将城市利用人物角色的方式进行塑造与打磨，通过情感表达，让世界看到重庆，看到我们的城市。我们能够像构建人类命运共同体一样，用人类的方式，用大脑的思维，而非片面的技术，要用艺术不断地去感化、感知增进世界对我们城市的了解。

第三章

城市即国际传播客体：社区·地理·人文

希望通过国际传播扩大城市影响、聚集发展资源，是现代城市发展规律使然，因此城市是国际传播的重要对象。

国际传播将城市作为传播的客体对象，实际上最终会转化为对城市物化构成传播，特别是对城市构成的文化要素要件的传播。本次论坛的第二分论坛，重点聚焦城市社区及其居民、城市地理和旅游资源、城市历史人文等要素要件，探索需要通过怎样的国际传播来满足其国际化表达和发展的需求，如何在国际传播中将一个国家的宏大叙事、一座城市的场景化叙事，落实到一人一事、一花一叶、一景一物的微观叙事上去。

社区、地理与人文

——作为国际传播客体的一种解读

西南政法大学全球新闻与传播学院　李　韧

一、问题

按照规范的定义，国际传播，就是跨越国境界线进行的传播实践，它包括政府与政府间（government-to-government）、企业与企业间（business-to-business）以及人与人之间（people-to-people）在全球范围内进行的各种交流与互动。从某种意义上说，当大约7万年前我们的祖先智人掌握了语言这一革命性的“武器”，从东非启程，踏上漫长的征服全球的旅途时，信息的国际流通就注定成为我们应关注的一个重大问题。从世界历史的角度看，信息的国际流通始终存在动态非均衡的状态，在宗教和科学技术双重加持下的西方大航海时代以来，西强东弱的流通模式逐渐成为主流，一个世界多种声音的诉求自20世纪80年代由联合国教科文组织提出以来，尽管受到国际社会特别是发展中国家的强烈支持，追求国际信息与传播新秩序的呼声此起彼伏，但重构西方世界主导的不均衡的国际传播秩序仍需时日。总结我们的国际传播实践和经验，讲故事，善讲故事，讲好故事，是提升国际传播能力的最佳途径。因此，讲什么故事，也就成为必须解决的首要问题。

我们在这里参加悦来城市国际传播论坛，就是明确主张，城市，不仅仅是我们居住的地方，它还是国际传播的主体，国际传播的客体，也是国际传播的载体。换句话说，做好国际传播，也应当听城市讲故事，讲好城市的故事。那么，城市的故事从哪里来？可以从下图中看城市与传播的关系。

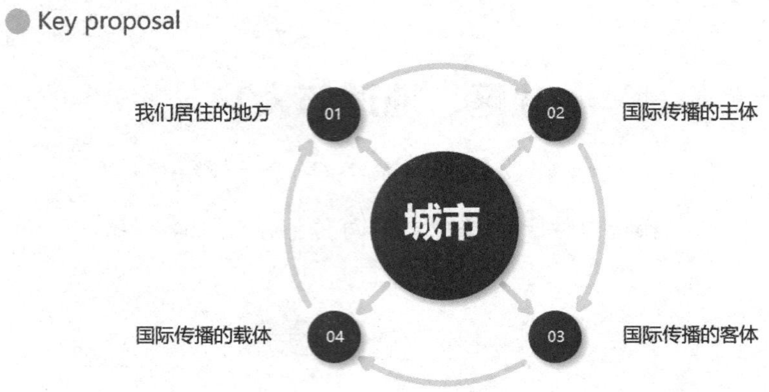

二、社区生发城市故事

我先提一个地址：宝圣大道 301 号。再说大一点，宝圣湖街道。这两个地方，恐怕不少人未曾耳闻。这是我工作的学校——西南政法大学渝北校区所在地。2012 年，我带领学生，以学校渝北校区所在地步行可及的三公里范围为界，启动了社区新闻实践教学项目。参与的师生最感困惑的问题是：社区里有新闻吗？社区里不都是家长里短、婆婆妈妈的事，哪里去找值得讲述的故事？在这样狭小的地方，有什么值得关注的吗？

2013 年 5 月，美国社区新闻专家、北卡罗来纳大学教堂山分校媒介与新闻学院 Jock Lauterer 教授应邀来到我们学校，来到回兴，为校区周边方圆三公里地方带来独特的视角和观察体验。他认为，成功的社区就是一个尽管存在千差万别，邻里之间依然能融洽相处的地方。在社区里，不同类型的人事实上会赞赏这些差异，人们不仅对彼此甚至对完全陌生的人都会报以友善、热忱和欢迎的态度。成功的社区是由相互喜欢、相处融洽的街坊邻居组成的，他们被一个共同目标团结在一起，拥有共同的价值观、道德观、目标和志向，并因此形成“我们在一起”的归属感。

基于对洛杉矶这座美国大都市的观察，南加州大学社会学家鲍尔·洛基奇认为，城市潜藏着一种看不见的传播基础结构（Communication Infrastructure），其核心是邻里之间形成的故事讲述网络。这个网络将居民、社区组织、地缘—种族媒体置入一个动态的传播进程，并激发每一个参与者关注和讲述邻里事件、话题、危险以及机遇。人们通过这样的网络解决家庭、健康、族群关系和身份认同以及每天遭遇到的问题，从而构建起一个充满活力的、融洽的社区。在这样的社区，每一个人、每一个家庭、每一天，都会有独特的故事。而这些拥有独特故事的一个个社区，编织起城市故事的基础。社区，也因此成为城市故事生发的地方（见下图）。

传播基础结构示意图（据鲍尔·洛基奇观点绘制）

三、地理造就城市特点

但对于一个城市居民以外的大多数人来说，他们很难有机会和时间深入一个城市的社区，去慢慢感受它的细微之处。他们大多根据瞬时的印象形成对一个城市的初步认识：第一眼看到的独特建筑，第一口品尝到的美味佳肴，第一次乘坐的新奇的交通工具……重庆两江环抱、高低起伏的地理特征确实带来与众不同的体验，这也是城市轨道交通列车穿越大楼的视频与图片会引起外媒惊叹，依山而建、临水而居的吊脚楼风貌的洪崖洞会成为网红打卡地的原因之一。平时习惯了两点一线三维空间生活的人，突然坠入“8D”的城市空间，无法不感到神奇与魔幻。而麻辣劲十足、色香味俱全的火锅又趁势将这种感觉推上云霄。

山城，大自然的鬼斧神工造就了这座城市的特点，正如流行歌曲里唱：“从前有座山，山上有座城，城里面的人脾气大得黑死人……解放碑的钟声还是按时敲响，码头的船再小也会荡起波浪。船没有桥多，雾也没有雨多，看着汽车从那屋顶上的公路经过。冬天有着夏天路边时的甘露，夏天有着冬天烤火时的温度。男的不服输，女的也不会哭，所有麻辣调料到了这里都是大补。”

四、文化铸就城市个性

作为直辖市，重庆有点大，8.24 万平方公里，相当于 13 个上海，7 个天津，5 个北京，向东有出夔门的雄美三峡，向西有闻名中外的大足石刻，向北有蒙古大军折戟沉沙改变东西方历史走向的钓鱼城，向南有令人神往、世界规模最大的天生三桥和世界第二大的武隆天坑，但真正让人回味悠长的，是在嘉陵江与长江交汇处、历史底蕴深厚的渝中母城，这片只有 20 多平方公里的土地，有着三千多年的历史，其独特的地形地貌，培育出重庆城与众不同的气质。

小说家张恨水写道：“重庆半岛无半里见方之平原，出门即须升或降。下半城与上半城，一高踞而一俯伏。欲求安步，一望之距，须道数里。若抄捷径，则当效蜀人所谓‘爬坡’……由坡下而望坡上，行人车马，宛居天半。”

独特的地形地貌、自然气候，形成了“百姓日用而不知”的城市文化。在上坡下坎、左转右拐、纵横交错的生活日常中，重庆人，以及重庆这座城说一不二、风风火火、敢作敢为的性格也日渐形成，在血与火的战争年代得到升华，在和平建设年代注入新的内涵，进而构成了一种著名建筑学者张钦楠所说的“可读性”，你可以像阅读书本一样阅读一座城市，当你阅读一座城市时，城市也在凝视你，并在有意与无意间展示自己，有时甚至可以到对话的地步。

城市的社区，城市的地理，城市的文化，你能读出什么呢？无论是重庆的雾、重庆的山、重庆的江、重庆的桥，还是状若迷宫的立交，红油滚滚的火锅，风风火火的重庆人，无时无刻不在讲述，无时无处不在传播，无时无地不在对话：川江号子传唱出重庆人的艰辛和勇毅，奥斯卡获奖影片《苦干》记录了这座二战远东名城的坚韧、不屈和奋进，天堑变通途，“新中国第一路”成渝铁路树立了“中国共产党不仅能带领人民马上打天下，也能下马搞建设”的国际新形象，13000余座桥梁横跨江河沟谷构建起令世人惊叹的中国“桥都”，建设山清水秀美丽之城，筑牢长江上游生态屏障，从内陆腹地变开放前沿，陆海新通道打造中国西部对外开放新格局……

在互联网时代，全球的，就是当地的；当地的，也是全球的。世界比我们想象的要小，我们已经进入一个人类命运休戚与共的全球社区时代。

重庆这座城何以能成为国际传播的“宠儿”？成为一座具有国际知名度和重要性的全球城市（Global City）？答案其实潜藏在城市自身。我想引用已故诗人傅天琳关于这座城市的一首诗来作为发言的结束：

这城市从浪花中归来
一把推开朝天的门
春夏立于江之北，秋冬立于江之南
这城市全身挂满汽笛、鲜花和灯
这城市蕴藏太多梦想

太多巍峨而奇崛的岩石
胸中自有丘壑，自有山神的非凡气度
这城市的手臂是两支桨
彻夜地划动着划动着
一支是长江，一支是嘉陵
树在桥头，楼在云端
这城市坡陡路不平，习惯于登高
这城市腿脚特别粗特别壮
汗水特别咸特别硬
特别能吃苦、吃辣
常年掩隐在雾中
特别珍惜有阳光的早晨
一到夜晚
这城市便开始抒情
拨响不断延伸的琴弦上的路
抒情曲流动，音乐流动
激情与浪漫流动
浮起一座音乐岛
音乐岛，半岛的城，开放的城
多好啊！这城市高楼林立
我有一把钥匙四面窗
这城市光如瀚海
……

平台社会语境下城市网络国际传播

复旦大学新闻学院　张志安

传播就是用诗意的形式表达对于城市的热爱，以此能够在情感上获得连接，在此基础上增进对城市的了解。互联网超级平台越来越在全球呈现基础设施化的趋势之际，全球网民和社会之间的连接平台变得如此重要，网络传播迎来了新的挑战机遇，那么如何依托平台社会来展开？

2021 年习近平总书记有一个关于国际传播的重要讲话，当时我写了一篇小文章，提出了在过去传统思维下的国际传播，面临着怎样的障碍，可以用四个符号表示：

1.“眼镜”

指制度差异、意识形态偏见以及冷战思维下的刻板印象。作为符号的“眼镜”，主要指向的是中国国际传播中遭遇的最具挑战的，来自资本主义国家及其公众的意识形态偏见问题。

2.“巨龙”

东西方文化差异导致中国国际形象的认知偏差。“巨龙”，在这里作为国际传播的符号障碍，指向的是不同文化情境中对同一符号的认知差异。

3.“筷子”

传播议题的局限性影响了中国国际传播的效果。“筷子”指向的是中国国际传播的议题设置问题，如何进一步超越以往的生活议题，逐步深入到关乎中国社会、前途命运、中国制度可持续发展的重大公共议题上来。

4. “大象”

中国硬实力的提升与全球利益分配格局的调整。这里的“大象”也与英文谚语中“屋子里的大象”相关。可以比喻作为过去几十年在全球化浪潮中受益的中国。另外也指明知其显而易见，却集体保持沉默，可延伸出国际社会对中国和平发展、脱贫攻坚、文明传承等诸多突出成就有意或无意的忽略。

面对以上这些障碍，我们应该怎么做?

另一个问题是，现在的互联网超级平台，最大的特点就是以数据为支撑，成为数字社会空间设施，通过数据变现，并且形成了自动化驱动选择的推介机制，所以平台基础设施化和基础设施平台化趋势越来越明显，平台社会成为欧洲学者观察今天传播社会非常重要的概念。作为基础设施的平台已经逐步渗透进现有的社会运作与制度安排，一个基于互联网的全新的社会治理模式与制度安排也将应运而生，即“平台社会”。

国际传播的传统思维障碍和基础设施化的互联网超级平台，是我们今天讨论国际传播两个非常重要的语境。对此，我谈以下三方面的问题。

一、国际传播的故事表达和内容要素

故事表达和内容要素到底应该怎么去做，我们的故事表达如何改变过去的框架，是更多地从日常生活出发，还是从个体的角度出发?当我们讲城市，如何将城市、国家，特别放入中西方文化中，从历史维度、时空维度去比较?另外单纯讲中国现代城市不够，比方讲重庆、上海、广州、深圳都是现代发展城市，但是很少能把城市传播上升到价值观高度讲高尚的故事，当你说每座城市很现代，对人的真正观察感召有限，但是如果讲城市精神，城市高尚起来，城市才有力量。我们要从时空角度定位国家城市历史发展，但是更需要把现代城市话语框架上升到现代城市层面。最应该尊重的是城市的复杂性、国家的复杂性，如此，才更能够打动大家。

我们这个有五千年历史的大国确实很复杂，黄成军拍摄的《家当》系列，把所有家庭所有家当找出来，让我们看到中国地方文化的差别，更让我们看到，中国这个大家是由一个个小家组成的，就像人的骨肉一样，家当是骨架，而你赋予每件家当的感情就是血肉。这样进入中国家庭关系，看中国城市，然后再看中国文化。其叙事取得了很好的国际传播效果。最终它被 BBC、《纽约时报》、英国《卫报》等媒体报道，被牛津大学教材、美国国家地理收录。摄影大师罗伯特·弗兰克说："这些作品，帮我打开了一扇看中国的窗。"所以，展现中国的复杂性非常重要。

二、互联网平台上的城市国际传播

当今互联网平台变得十分重要，平台之上政府、企业和公众通过利用在全球开展的互联网众包模式，来进行城市国际传播的讲述和竞争。由此，国际传播内容变得更丰富，央媒和地方政府的合作，比如佛山、广州、珠海等地都做得很好。这几年中国企业走出去，慢慢发现传播语境的变化，国际传播变得很活跃。

2020 年 8 月，一条以西班牙语发布的重庆城市景观视频引发了极高的关注度，海外社交媒体上点赞量超 14 万。视频中，单轨列车穿梭在高楼林立的城市上空，快到李子坝站时，蓝绿色的彩绘车身缓缓穿过明黄色的高楼，像贪吃蛇一样，画面新奇震撼，视觉冲击力极强。截至 2021 年 4 月，重庆正以它独特的魅力"出圈"海外，成为 TikTok 上拥有 3990 万浏览量的热门话题。重庆为城市传播内容创造机遇，涌现一大批网红打卡点，这很好地推动了公众关于城市的故事讲述。

这里有个非常重要的问题是，我们对不同平台可控性的把握，不同用户群体对于跟平台之间互动关系的掌握。可控性不是资源，更多的是在这个过程当中对能动性、互动关系的寻求。

重庆李子坝文旅服务中心总面积约 500 平方米，设置 11 个区域，
包括“互动照相墙+服务台”“互动体验电子屏”“轨道车厢打卡区”等区域。

三、中国城市网络国际传播的话语和情感

中国城市在网络上的国际传播话语和情感到底怎么创新？首先，话语是什么？是对社会现实解释的主导权力，一旦接受话语背后对社会的认识，过去中国所有的对外传播强调绩效正当性的话语，用数据证明我发展得多快，其实这个话语体系会受限。

我们要寻求的话语到底是什么？程序正当性。中国扶贫到底怎么组织的，干部怎么下乡的？程序和过程的正义会增加结果说服力。此外，还有价值正当性。所以，未来国际传播要突破只有绩效正当性的局限，突出程序正当性和价值正当性。

例如，日本纪录片导演竹内亮拍摄的一部 10 分钟的短片《南京抗疫现场》。镜头里浓缩了南京的社区、公司、快餐店、地铁站等各种场景的防疫措

施。该片已经在海外网络上推出了 11 个语种版本，竹内亮也因此成为意大利、俄罗斯、英国等多个国家媒体争相报道的对象。这就是讲述程序和过程的正当性所带来的良好效果。

要强化城市形象的情感传播。传统的对外传播注重信息传达，而相对忽视情感沟通，往往给人以“你讲得很有意思，但多少有点像宣传”之感。

从国内外的传播实践来看，情感传播正成为传播主流手段，正如习近平总书记所说：“国之交在于民相亲，民相亲在于心相交。”城市外宣和国际传播不是照本宣科，而是文化和情感的交流。

过去对外宣传的更多是信息，未来传播情感会变得更主流，所以需要文化和情感的交流。因此我想未来城市传播应推动多元主体讲述城市故事，强调城市的价值意义表达，希望中国每个城市都有自身价值观的表述。

四、结语

面对主流媒体的国际传播效果越来越受限，未来国际传播最重要的努力方向是：平台可触达，视觉可印证，情感可共鸣。同时，国际传播的目标，不是直接说服，而是增加他者对中国复杂性的认识进而形成认同。

城市形象的全球传播，从城市形象建设开始

重庆大学新闻学院　董天策

我的发言题目用了一个“全球传播”的概念，为什么要用全球传播？吉登斯认为，全球化是地方、国家和世界的“三维空间”社群。的确，在全球化时代，地方（即城市）、国家和世界就处在一个三维空间里面。一个城市作为传播主体，特别是城市形象的传播，既是地方性的，也是全国性的，还可以是世界性的。从理论上说，国际传播往往是以国家为主体所开展的国家形象传播，但城市形象在全球化时代的传播，也成为国际传播的重要组成部分。

在全球化时代，以城市形象的全球传播作为观察点，我觉得对一个城市来讲，作为国际传播的有机组成部分，城市形象的全球传播，主要还是一个自身的形象建设问题，自身的形象建设做好了，那么它在国际传播中的使命也就完成了。之所以换成“全球传播”的表述，就是这个意思。

城市形象进行全球传播的立足点、出发点是什么？立足点当然是城市形象建设，比如，重庆形象建设就是我们的立足点。但是，出发点是什么，可能就成为一个值得不断反思的问题，到底是从自我出发，还是从他者出发？

我觉得无论做什么，很多时候我们都是跟着潮流走，一讲国际传播，我们就恨不得让全世界每个国家、每个地方都要了解我、认可我。然而，人家为什么要来了解你、认可你？换一种提问方式，你到底有什么值得人家关注、喜爱呢？

这样提问，意味着从跨文化传播、从国际交流的角度来看，就不是简单地从自我出发，当然也不会是完全从他者出发，而是要在自我的主体性和他者的

“他在性”之间找到共同点，达成欣赏式、赞赏式的交流，彼此欣赏，相互点赞，城市形象的全球传播才可能真正取得成效。否则，如果仅仅是从自己的愿望与期待出发，那么全球传播很可能传而不通，传而无效，人家不感兴趣，结果变成自说自话，自我娱乐。

所以，根本问题还是要充分认识与把握主体性与他在性的关系，自我和他者要在一个共建共享共同的信息与文化空间进行沟通交流，城市形象的全球传播才卓有成效。用习近平总书记的话来说，就是要构建“人类命运共同体”。当然，这个使命不是一下子就能够达成的，但我们必须从这个高度出发，城市形象的全球传播才能取得成效。

在国家层面来讲，有硬实力与软实力的区分。城市形象以及城市形象的传播，其实也有一个硬实力与软实力的问题。城市形象不是自身认定的形象，而是人们对这座城市客观存在的主观反映，是人们对城市的认识与把握，是人们对一个城市的物质景观、基础设施、经济发展、科技水平、社会面貌以及历史文化总体的认知和评价。

因此，城市形象建设，我们也可以从硬实力与软实力两个方面着手。一个城市的物质景观，像重庆的山城景观，在今天来说就是一个独一无二的硬实力，重庆夜景是最美丽最壮观的。五六年以前，香港的大学教授来重大开会，我曾带他们看夜景，我说山城夜景有点“小香港”的味道，结果他们看了之后说，现在你们是大重庆的夜景，香港的夜景比不上了，香港的夜景只能是“小重庆”的夜景。

就夜景这一点来说，它是重庆的物质景观，其实又跟社会发展、经济实力高度关联，跟科技力量、产业实力高度相关。除了硬实力，软实力包括城市文化、城市精神、城市品牌、制度建设、营商环境、管理能力、市民认同，等等。无论是城市形象的国际传播，还是城市形象的全球传播，都是一个软实力问题。这方面，正是传播可以贡献自己力量与智慧的地方。

那么，城市形象的全球传播到底要如何做呢？

首先，要聚焦城市发展的重大工程。比如重庆现在正在建设的西部（重庆）科学城，这一个重大工程建设会让重庆的整个现实地位在全国乃至全球的重要性发生根本性变化。好比过去的浦东新区建设，极大地提升了上海的国际大都市形象。再如深圳这个全新的城市，本身就是在改革开放的历史进程中建设起来的，现在一提到创新城市，在中国，非深圳莫属。

第二，着力推进城市品牌建设。城市是可以作为一个品牌来进行营销的。城市形象有很多维度，比如重庆的“山城”形象，这个概念已经是过去了，现在的口号是“山水之城美丽之地”。原来自然气候形成的“火炉”形象，也比较负面，传播时应当尽量避免。关于重庆的城市形象，当前有政治性话语的描述所呈现出来的各种形象。其实，从国际传播或者全球传播这个角度看，重庆到底具有什么样的城市精神、城市个性，这个问题是值得深入研究与探讨的。

第三，创造性策划和组织媒介事件。重庆市委市政府这几年举办的智博会，就是重庆形象传播中最重要的媒介事件之一。

第四，运用影视艺术讲好城市故事。这点非常重要，比如《疯狂的石头》《从你的全世界路过》《幸福马上来》等电影，对重庆形象在国内外的传播，所起的作用相当巨大。

第五，自然生发的各种各样的新闻报道，当然也包括网络与新媒体，特别是自媒体各式各样的传播，观光景点时的自拍，吃火锅时的自拍，都成为城市形象传播当中不可忽视的重要方面。

最后，强调一点，辩证地把握全球化时代内宣与外宣的统一性。在全球化时代，我们的内宣做好了，外宣也就做好了。当然，这不是说对外的国际传播没事可做，有很多事情可以做而且应当做的。去年，重庆市为了推进国际传播，专门成立了重庆陆海国际传播公益基金会。

基金会成立后开展的乡助山野·阅读计划、鹰飞之城、大足石刻保护与传播专项、重庆攀登专项、广阳岛生态文化专项，都是富有建设性的媒介事件，看起来仅仅是在做城市建设某些方面的工作，但我相信做好这些大美重庆的工作，也是重庆开展国际传播卓有成效的工作。

重视发挥学术交流在对外传播中的作用

——以海外中共学学科建设为例

复旦大学马克思主义学院　高晓林

讲好中国故事，讲好中国共产党治国理政的故事，是习近平总书记对新时代国际传播工作提出的重要要求。加强新时代学术研究、学术交流和学术平台建设，对推动对外传播有着重要作用。海外对中国共产党的关注和研究，从中国共产党成立之初就开始了。新中国成立之后，围绕中国共产党所开展的研究逐渐在海外学科化，由此形成了“海外中共学”。

一、高度重视“海外中共学”学科建设的重要性

第一，海外对中国共产党党史党建方面的研究，自新中国成立之初便实现学科化，海外的“中共学”逐渐兴起，直至今日其已然相当繁荣。但迄今为止，国内学界对于海外中共学研究的参与度，远未达到应有的且与之相匹配的程度。

第二，伴随着中国综合国力和国际地位的不断提升，中国日益走近世界舞台中央。学术研究领域是其重要的组成部分和联结渠道，发挥学术在融通中外过程中的显著效用，这就要求我们要清楚海外学界视野下的中共研究，积极回应他们的评论，主动作为。在国内已有的研究资料、研究成果外译、研究理论、范式及话语体系等创新基础上，我们还应致力于提升中国共产党的国际话语权，逐步引领对海外中共学的研究。

第三，加强对海外中共学的研究和参与热情，积极用学术讲好中国共产党

治国理政故事，塑造好中国共产党百年大党国际形象，进而搭建好重要学术交流平台。中国共产党是彰显中国特色社会主义最鲜明的旗帜，中国共产党的国际形象也是自我塑造和国际社会交往互动的结果，搭建学术交流平台对海外中共学研究的相关内容进行再思考、再研究，有利于了解海外学界视野下中国共产党形象的内容、形象认知来源、传播的平台手段及具体影响因素。海外中共学的学科建设，是我们讲好中国故事的重要学术交流平台。

二、海外中共学的发展历程

海外对中国共产党开展的一系列研究，可追溯至中国共产党诞生之初。如早期的《北华捷报》、上海《泰晤士报》等，都认为中国共产党诞生伊始便代表着布尔什维克党的形象。随着中国共产党革命发展及其在中国的影响渐趋深入，其研究主体从早期的以苏联、日本为主，到后来的美国记者、美国军方等不断加入，研究的主题亦逐步丰富。在一众研究团队中，甚至可以看到哈佛大学费正清教授以军方的身份来了解中共。正是出于军方的立场和目的，致使他们的研究存在一定的局限性。随着新中国成立，国际社会对于中国共产党领导下的新中国的兴趣越来越浓厚。诚然研究者获得资料的渠道非常有限，但是研究热度也依然不减，美国以费正清教授为代表，他带领着哈佛大学一批教授推进有关研究逐渐向学术化、学科化纵深发展。

三、关于“海外中共学”学科建设的发展与思考

国内对于海外中共学的再研究始于 20 世纪 80 年代。随着对海外汉学的广泛关注，国内学界开始注意到海外中共学。学科建设肇始于 1996 年，彼时华东师范大学开始在历史系研究生招生中增设这一研究方向。2007 年，其历史学学科开始在这一研究方向下招收博士生，可以说这象征着海外中共学学科建设的开始。此后，中国社会科学院及上海社会科学院都先后招收海外中共学方向

的硕士和博士研究生。从此，中共党史研究一直密切关注着海外中共学的发展动态。在中共党史和党建学科发展的过程中，复旦大学在 2017 年向国家教育部申请党建二级学科时，把海外中共学作为独立的研究方向，开始招收博士研究生，并于 2018 年底成立了海外中共学研究中心，这是全国第一家也是唯一一家以海外中共学命名的研究中心。同时复旦也开设了博士生的海外中国共产党研究课程，第一批博士生已于 2022 年毕业。

海外学界对中国共产党的研究，随着我国进入改革开放和社会主义现代化建设新时期，出现了数量上的猛增，国内学者对此议题相关的研究量也在逐渐增长。根据样本分析，从中美学界之间发文量和被引率来看，虽然中国国内学者用外文发文的数量在逐步递增，但是我们的影响力仍亟待提升。这种状况说明，我们对海外中共学的研究与参与，仍未完全有效处理习近平总书记所说的“中国共产党的形象还是被别人描摹”的问题，我们自己的参与度和参与力度还远远不够。

基于上述情况，我们在给中央有关部门的报告中提到，建议设置中共党史党建一级学科的同时，也建议设置“海外中共学”二级学科，以进一步明确学科性质、定位及研究方向。在此二级学科下的研究方向大致有四：第一是海外中共学史，包括理论范式、研究方法等；第二是海外中共学的研究主体研究；第三是海外中共学的区域国别研究；第四是海外中共领袖和指导思想研究。

在学科建设上，第一是明确海外中共学的理论框架，加强学科理论建设；第二是重视师资队伍建设，综合包括诸如国际关系、历史学、中共党史、外语、新闻传播等专业人才，合力打造一支强大的师资队伍；第三是强化培养体系建设。学科建设的中心任务是培养学术创新能力强、综合素质高、能够适应新时代社会发展和海外中共研究急需的高层次人才。这就要求各学科点必须设置好专业培养方案、对标海外中共学学科的总体架构，紧抓落实课程体系、教材体系、管理体系与评估体系建设。首先，海外中共学学科在核心课程设置上，应根据学科特点相应开设专业课、专业选修课和跨一级课程，包括第二外语甚至多语种课程；其次，加强高质量教材体系建设，要积极组织力量编写相关教材和教辅资料，翻译海外研究资料和著述；再者，加强学科管理与评估体系建设，以保障学科朝健康有序的高质量方向稳步推进，也要把公正无私、学养深厚的专家纳入海外中共学学科评估工作中，进而保证评估工作的实效。

从目前的研究趋势看，海外正流行对中共最高领导人的研究热潮，尤其是对“习近平新时代中国特色社会主义思想”的研究。我们要以习近平新时代中国特色社会主义思想为引领，同时以习近平新时代中国特色社会主义思想的海外传播为切入点，引领海外中共学的研究与国际传播不断迈向深入，从而不断提升中国的国际话语权。

国际传播的国际友城路径

成都理工大学外国语学院、巴蜀文化国际传播研究中心　刘永志

传播学的发展要有深厚的感情基础、交流基础，而我们国际友城则存在这样的基础传播受众支撑。目前已有 2800 多对国际友城，其中，北上广都有 100 对左右了，山东有 500 多对，四川也有 300 多对，所以规模较为庞大，有合作基础及相似特征。已有研究表明，国际友城能够促进经贸高质量出口，同时在对外开放、直接投资、增加国家软实力等方面，都有非常多的好处。

基于此，我们认为国际传播的本质是跨文化传播。跨文化角度下的超文化是值得我们思考的，这个词最初由一位古巴学者提出，旨在说明不同文化体系在不平等关系中导致的文化转型过程。这个概念强调文化本质就是杂糅，跟习近平总书记倡导的文明互鉴在本质上是一样的：既要用我们的文化“鉴”对方，也要用对方文化“鉴”自己，尤其对我们文化“鉴”对方，互鉴含义非常深刻。

另外从我自己的研究角度而言，提出一个概念叫空时性，把空间作为我们认知和思维最本质的特征，时间是空间的一维。1905 年爱因斯坦创立狭义相对论以后，把空时这个概念时间作为空间的一维，发现空间是思维最本质的核心，其可以表征空间情感及很多抽象的概念。我们在传播的分类上亦可以建立诸如此类的概念。

传播路径有很多类似的案例，PANDA 成都走世界、市长创新论坛、公务员研修班、青年音乐周、本校留学生参加巴蜀文化节等活动。还有其他地方的传媒联盟、文旅联盟、民间交往组织，为此大家都做了很多工作。

成都进一步完善国际铁路大通道连线相关国际传播，兼顾云端活动的深入开展。提及文化符号走出去，当物质的文化符号走出去时，其所蕴含的价值理念走出去没有？尤其是它所彰显的中国精神走出去没有？彼此情感上能否相通，这是关键。要做好这个工作，教育和高校、学者都大有可为，可加快组织编写并出版相关教材。但是中小学国际传播意识还比较薄弱，因此要加强中小学生的国际传播教育及文化形象教育。

政府主导式的国际传播路径出发点不错，但是若要持续往下面走、往基础方面走，需要考虑民间基础和民众自发自觉性如何，自媒体时代该如何深入拓展，国际经贸和国际工程是否融入了文化传播。我们为此也做了思考和调整，在教材培养中设立了一个方向，提升中外文化交流能力，培养中西融通意识。我们在相关规定课程中加入中国文化概论、汉英双语国学经典导读，既要注重目标语，又要注重其背景文化。我们立足中国文化实际，旨在把中国文化英语推向全校大学英语层面。此外，我们还把学生组织起来参加相关语言服务活动，广泛涉及文学地理等领域，注重培养学生的中国文化地理基因，学生在完成活动的同时，也是在加强社会实践能力。

在翻译和国际传播方面我们也做了一些工作：一是有平台，建立了四川省巴蜀文化国际传播研究中心、一带一路研究中心，与四川省宣传部合办了四川双语杂志，跟四川新华社中心签订了合作协议，最近向四川省有关单位申报了一些国际传播及城市传播指标的材料。二是有队伍，中译外、外译中团队的带头人都是在翻译领域中译作达200多万字的团队，口译团队也在四川。另外我们有诸多成果，如国家出版基金重点资助项目，其中大熊猫文化笔记作为国礼送与外宾。三是有影响，我们的《如何看中国生态文明建设：绿色发展改变中国》一书被新闻联播报道，获得第五届中国政府出版奖图书奖。

成渝地区双城经济圈建设的国际传播

成都体育学院新闻与传播学院　石　磊

众所周知，成渝地区双城经济圈于2020年10月由中共中央政治局会议通过规划，2021年10月中共中央国务院印发了纲要，重庆市和四川省贯彻落实意见也在2021年印发，成渝地区双城经济圈建设现在正如火如荼地在推进。我们一直在致力于国际传播建设，2021年5月31日中央政治局集体学习，习近平总书记发表了重要讲话，重庆及重庆的高校在这块做得很好，西政当时也做了成渝两地经济圈建设方案。从这个角度而言，成渝地区双城经济圈和国际传播能力建设在时间上有高度的契合性。

换句话说，我认为我们今天在成渝地区双城经济圈的建设和国际传播能力建设方面，对于成渝两地起着双向互动和双向推动的积极作用。成渝地区双城经济圈建设是一个新的国家战略，其致力于打造中国第四极。在中国“大国崛起”的战略当中，一个强大的中国应当有一个强大的西部，成渝地区双城经济圈建设是把中国的经济重心从东部沿海地区向西推进到青藏高原雪域下的城市。成渝两地理论上也是全球最大的都市圈之一，地域辽阔，人口有1.2亿，重庆也有3000多万人口，经济总量等近几年发展都非常迅猛。它们受国际关注，这不仅为成渝地区也为国内外发展带来了新的机遇，成为国际传播新的增长点，成渝地区双城经济圈为国际传播提供了新的议题。

同时国际传播也可以为成渝地区双城经济圈建设赋能。成渝地区双城经济圈建设是在一个特定历史时期，从最开始应当说它就是国际化的，我们现在称之为多重机遇的叠加。此外，包括“一带一路”倡议、长江经济带建设，在成渝两地均得到机遇叠加。因此国际传播也相应为成渝地区双城经济圈建设赋能，一方面提供了良好的舆论环境，另一方面也助力了成渝地区双城经济圈的发展。

要做好成渝地区双城经济圈国际传播，首先要有顶层设计意识，要将国际传播能力纳入成渝地区双城经济圈建设的总体规划当中。宏观的规划现在已经定了，但是我们在很多具体方案的实施过程当中，可以不断地持续推进。比如这次重庆市委宣传部谈到的城市是传播的途径，对成渝地区双城经济圈建设的重视，如四川省四川日报集团专门成立国际传播中心等等，这些都属于顶层设计。

这个顶层设计不仅仅局限于成渝两地，还包括在整个国家发展战略规划中的其他省区市，将其作为它重要的内容，统筹国际传播和国内传播。如今互联网时代的很多传播，以前叫作官方舆论场、网上舆论场，现在我们发现这几者之间的界限很模糊，难以区分，国内传播和国际传播同样如此。因此要统筹国内传播和国际传播，提升我们的话语权。但是在这个过程中，它的顶层设计，包括中央和各省区市，都来自不同地方，而成渝两地在其中是发挥着主体作用。我此前也一直是在四川省网信办，基本上评过几次，比如成渝地区双城经济圈建设这些方面共同议题，在之前成渝两地叫作“相爱相杀”。但是从成渝地区双城经济圈建设以来，整个舆论是一体的，共同的建设发生了比较大的变化。

确立顶层设计以后，实际上需要构建一个现代立体传播体系。从传播内容来说，要宣传成渝地区双城经济圈建设的目标、举措、成效等等，紧紧团结成渝地区双城经济圈。除此以外，还可以宣传重庆和成都两座西部超大城市，也可以说是国际大都市，重庆人口 3000 多万，成都人口 2000 多万。这个很难得，全世界范围内，相距这么近的距离，两座超大城市却各有传统特色，比如重庆的魔幻和 3D 特色；成都以前则被称为“天府之国”，再到“公园城市”。

此外还要宣传这两座城市的现代化，比如成渝两地成都的超算中心在全球排名前十，还有两地的科学城、科技城等等，旨在打造中国的第四极。而且它与我国的其他国家战略，如长江经济带，南方、北方丝绸之路交汇等协同发展。传播主体渠道方面，传统和新兴媒体，专业传播和网民 UGC 传播，机构媒体和自媒体相互配合，共同促进推动媒体深度融合，推动融合媒体传播能力，从而构建全能、全员、全息合资的传播体系，传播内容立体的现代传播体系。

与此同时，我们应当着力提升成渝地区双城经济圈国际传播技能。首先要讲好故事，采用大众喜闻乐见的现代传播手段，尊重各地文化传统，比如 Tik Tok 在海外的较大影响力，还有李子柒视频之前在海外传播的很多方式技巧可以借鉴。再如成都的传播手段，“杜甫家的阳台”“雪山下的公园城市”，宣传成都的“公园城市”、大运会、成都打造国际赛事名城等等。我们通过讲故事的有效宣传形式，生动地展示全面的、真实的、立体的成渝两地。总之，成渝两地在如今是中国“大国崛起”的重要战略，也是成渝两地发展的重大历史机遇。当下全球关注中国、关注成渝，我们需要积极向全球输出中国智慧、中国经验，尤其是成渝地区双城经济圈的发展经验。我们也应利用好全球传播，进一步提升两座网红城市在海外的知名度，为中国第四极建设作出我们自己的努力和贡献。

城市国际传播中的网民社会心态培育

——从正在被社交媒体重新定义的城市性格说起

重庆工商大学新闻与传播学院　王仕勇

一、社交媒体正在重新定义和传播城市性格

通过社交媒体可以生动、立体地展现出重庆的交通和非常优美的自然环境。

按照芝加哥学派的观点，城市是人性的产物。城市生活的一个突出特点是其内部极其发达的沟通手段。

人们对于城市的认知既来源于社会事实，也来源于社会建构。前者主要指城市的客观存在，如历史文化、地标建筑等，而后者则包括由语言、传媒、记忆、电影和环境等一系列手段、媒介和工具构成的形象。

《2022 年全球数字概览》报告显示，截至 2022 年 1 月，全球社交媒体用户超过 46.2 亿，相当于全球总人口的 58.4%。人们平均每天使用社交媒体接近 2.5 个小时。Facebook 是全球活跃用户最多的社交媒体平台，月活跃用户已达到 29.12 亿。

第一，社交媒体正在重新定义城市性格。

人是城市形象的建构者，也是城市形象的传播者。媒介一直是影响何种事情可以成为“社会事实”的重要力量。传统媒体限制了人们的关注范围，作为个体的人，建构和传播的力量都极其有限。社交媒体时代，关于城市信息的生产扁平化，信息生产的可供性、社交可供性、移动可供性为个体定义城市性格及其多渠道全方位传播提供了可能。

例如，重庆正在从一个味觉城市向视觉城市过渡、转变。

我们说城市性格，就是城市的气氛、特征和灵魂。城市性格固然可以从建筑风格、地理位置、气候特点、历史文化等因素体现出来，但城市成员则是城市性格最为核心的内容。城市因人而聚、由人而造。如今，城市成员在社会交往过程中，其认知、情感、行为通过社交媒介实现对城市空间的建构，实现对城市性格的重新定义。借由社交媒体的文本信息、用户互动关系等，我们可以得到一个更为丰满具象的城市感知，更为立体全面的城市性格画像，从而改变以往对城市认知的刻板印象。

社交媒体对城市性格的重新定义：多元的琐碎使其丰满，丰富的形式使其立体，民主化的书写使其亲民，众多的他者发掘城市中被主流遗忘或忽视的细节。社交媒体的记录和表达，以感性的形式主动创造“表征的空间”和具体的日常城市空间。

第二，社交媒体也正在传播城市性格。

社交媒介在塑造城市的个性表达方式，并通过媒介的可供性实现城市性格的广泛传播。这些性格已然是一个复杂且多元的体现，城市的好脾气和坏脾气，在社交媒体时代都由每一个社交媒体用户所传播，从理论上讲亦是在进行全球传播。

城市性格朝着多元化方向发展是一个时代趋势。“任何一个城市都有一种公众印象，它是许多个人印象的叠合，或者有一系列的公众印象。”个人印象和公众印象都是一种感知，可能来源于城市某物或某事，也可能来自日常的交往互动，社交媒体对城市性格的传播具有很多不确定性。

凯文·林奇在《城市意象》一书中指出，“城市形象是公众对城市的总体评价和认知，包括表达城市的结构、个性和意蕴的理念形象、行为形象、视觉形象等”。

社交媒体的使用者，其身份从旁观者、参与者潜移默化地转变成演绎者、传播者，使城市性格传播产生了裂变式的传播效果。

海量信息供给程度也决定了城市的负面事件一旦发生就会被迅速关注，从而成为人们感知城市性格的一个关键影响因子。如唐山烧烤店打人事件给唐山这座城市所带来的负面影响。

二、社交媒体中的城市国际传播展示了复杂社会心理

社交媒体是城市国际传播的新战场。社交媒体把人与内容的关系拓展为人与人的关系，介质所具有的开放性、对话性、互动性、跨界性和圈群性，使其具备了进行城市国际传播的优势。

社交媒体是建设城市的重要载体，也是驱动城市变革发展的新兴力量。社交媒体使用的强个体性决定了城市信息发布的复杂社会心态，其也在很大程度上象征着城市国际传播面临着最大的变量。

社交媒体汇聚信息的同时，也在汇聚情绪，传播者复杂的社会心态在城市国际传播中已经得以体现。

这里，我分享几种特别要注意的社会心态。

1. 猎奇心态，一味地窥探书写城市的"阴暗"角落

这种猎奇，可能是对城市里不为多数人知晓的某些历史故事、奇闻轶事、不光彩的人物"揪住不放"，也可能是对城市现在的不足或问题"刻意书写"，从而放大城市一些角落的阴暗面，催生系列社会问题，引导人们错误认知。

作为社交媒体赖以生存的信条，"唯流量论"正在侵蚀人们的心智与底线，也正逐步扭曲城市的性格。

2. 泄愤心态，用仇恨愤怒表达对一座城市的态度

这种泄愤，可能来自对城市性格的不喜欢或偏见，可能来自一次不愉快的旅游体验，可能来自对某一事件的偏颇看法，可能来自周围朋友圈的情绪感染。

具有匿名性的社交媒体，充当着理想的泄愤工具的角色。泄愤是带有敌意

的情绪，强烈的表达欲望让部分用户失去了理性。把一座城市污名化，是他们的目的之一。当愤怒成为一种商品，就会成为破坏性的力量。

烧烤店打人事件不能代表唐山的全貌，不能因此误解整座城市的“品格”。

3. 偏袒与盲从：对城市性格无原则的溺爱

这种偏袒，表现为对城市美好的不真实表达，无原则放大美好细节、网络群聚效应和算法技术的精准推送，使得被伪装的美好“真相”在情绪的裹挟中逐渐背离真实。

网红城市，其严重失真的网红景点和门店，正在使城市失去原有的厚重文化底蕴，无原则的“溺爱”式传播正在把一座城市的性格推向单一。流行之后即是沉寂。

三、社交媒体中的城市国际传播的社会心态培育

在此我提出三个观点。

1. 培育敬畏和善待城市的社会心态

城市是生命体、有机体。每个个体是城市生命体的细胞，生命体和个体相互依存，城市与人相互依赖。人和城市，不存在对立、排斥、冲突关系。城市有尊重和保障人的权益的责任，人也有爱护、守护并共建城市的责任。

人应敬畏城市、善待城市。个人在社交媒体上的每次传播，都应考虑其传播对城市的影响是建设性的还是毁灭性的，是积极向上的还是消极负面的，是否对这座城市的过去、现在及未来保持了尊敬和友善。为此，要引导网民增进对城市历史文化的了解，增强其归属感和认同感。

2. 培育理性平和关注城市问题的社会心态

网络是城市性格的放大镜、扩音器，在社交媒体场域，一些城市管理的问题和漏洞一经放大，随时都可成为大众关注的热点和焦点。社交媒体中的消息

真假难辨，大数据、智能化的个性推送，很容易固化对某一城市的认知及情绪，从而导致偏激、极端化。在城市传播中，尤其是一些负面事件的传播中，如何引导网民理性平和地看待问题和不足，培养网民正确的价值观，是社会建设的一个重要课题。

3. 培育建设性的积极社会心态

城市性格的重新定义和传播，应基于建设美好城市、创造美好生活的社会心态。千篇一律，城市性格就会死板；缺乏建设性，城市性格只会越来越糟糕。如果充满抱怨和戾气，就谈不上积极的社会活力建构。

丰富城市性格，应该秉持一种开放包容的胸怀，应该是建设性的表达。建设性的表达，应该是对城市的过去和现在的一种有效反馈，应该是对城市未来的支持与参与。

第四章

城市即国际传播载体：媒介·符号·故事

城市，既是一定社会制度下的人造环境，也是其社会制度和社会文化生态的承载体。

中国城市，彰显着以人为本的城市哲学、道法自然的城市美学、以民为本的城市价值，当然是中国主张、中国智慧、中国方案的具体承载、生动实践。本次论坛第三分论坛，聚焦城市如何通过多样化城市媒介、城市符号、城市故事等承载其国家社会制度下的发展观、文明观、安全观、人权观、生态观、国际秩序观和全球治理观。

城市故事的价值链开发

中国社会科学院新闻与传播研究所　胡正荣

其实，城市不仅仅充当着载体，它已然成为国际传播的主体，属于主客体合一的多要素，或者说全要素的集合体。城市即国际传播的载体，包括符号、媒介和故事在内。

我向各位就教的是城市故事的“价值链”开发。实际上就中国的城市来说，特别是像重庆这样量级的城市来说，永远不缺故事。如何把城市故事和历史掌故转化成一种有效的传播形式，并在传播之后产生更大的社会及经济效应，这种价值的创造潜在的贯穿于整个过程之中，因此显得尤为关键和重要。

在讨论这个问题之前，我们可以先看一个案例。两次在北京举办的奥运会，一次是 2008 年的夏季奥运会，一次是 2022 年召开的冬季奥运会。就以这两次奥运会而言，把开幕式作为一个产品，作为一个故事的载体来看的话，两次开幕式在故事价值开发上还是有着较为显著的差距的，或者说两者之间存在着一个非常明显的迭代升级。担任 2008 年和 2022 年两次开幕式的总导演张艺谋也认为，到 2022 年时自己的认识也发生了诸多变化。毕竟已经过去了 14 年，世界范围内的地缘政治、社会文化都发生了深刻的变化，各国之间交往互动也促进了文化的多样化。回溯 2008 年夏季奥运会开幕式产品在开发中国文化价值时，发现它更多的是聚焦于中国，更多展现的是中国历史，是我们中华五千年辉煌的历史。但当到了 2022 年冬奥会开幕式的时候，擅长讲中国故事的我们，届时把中国放在世界的大格局下去讲。既要讲中国的故事，也要讲世界的故事。因此，在讲述群体性故事的同时，也要关注个体的价值。

所以这次冬奥会开幕式，在涉及挖掘自己故事的内部元素，特别是它的内部价值的时候，就已经驾轻就熟了。其中，充分的文化自信，是与世界展开平和、平等、平稳交流的一种表达方式。论及这两次奥运会开幕式的故事叙事及二者间的内在关系，可以发现几处较为明显的变化：第一个是视野的变化，前者基本上可以说只关注中国，而后者既讲述中国，同时亦放眼世界；第二个是主体的变化，前者更倾向于展现我国灿烂辉煌的历史文化等，后者的关怀主体不再仅限于“我”，更多的是讲“我们”，这意味着除了自己之外，也在更多的关注世界的问题；第三个是叙事方式的变化，从过去专注于宏大叙事，越来越转变为对微观的、细节的呈现和描述。

从上述案例我们可以看到，如果把城市视为一个故事的主体、故事的客体、故事的载体的话，那城市在如今的移动互联网时代，则尤其需要深入挖掘并开发它的多元、多维和多向度的价值。讲城市故事，实际上关涉的是内容生态建设的问题。在数字化信息时代，内容生态的产品链不仅局限于文本，也向场景、服务等多个维度延伸。不仅产品样态在广泛拓展，而且它的传播样态、平台样态也出现了越来越多的发展趋势。过去我们讲故事多数用到的都是传统的媒体，是面对面的人际交往、组织交往，现在则越来越向全面型、平台型的媒体发展。更进一步讲，像重庆这样的城市，未来逐步走向中国的一线乃至全球的一线城市，它要面对和展望的未来一定是进入一个智能传播的时代。届时城市的故事若要作为一个载体，那就需要建构多主体、多渠道和多模态的故事体系，而这个故事体系，从某种意义上来讲，可能更需要基于一个虚实共生的世界。如若至此，在场景的创造、场景的营造和场景的建构方面，需要我们在城市故事的价值开发上下更大的功夫。就拿重庆来说，目前为止我所看到的，讲重庆故事根本不缺相应产品。不管是小到吃喝玩乐，还是大到经济、社会、历史、文化、城市建设等各个方面，重庆的城市故事是根本不缺故事元素，也不缺产品的，而且产品链条的建构也相对臻于成熟和完善。但是在横向和纵向的产品矩阵建构上，其实还存在相当的空间可以去发掘。这就是产品链建构的基础性，也是产品力打造的根本性。

第二，我个人认为，现在供应链方面是需要继续深度开发的。虽然产品不缺，但实际上其供应链是需要去大规模建构的。说得通俗点，重庆的城市故事不能光靠重庆自身，或者是以重庆为主体的供应方去供给产品，而可能更多要靠国内外几乎所有喜爱重庆的人、关注重庆的人，甚至是来过重庆、体验感悟过重庆的人，以及跟重庆有关系的人员和机构，由他们来讲述和提供重庆故事。因此，这将是一个绵长的、完整的供应链建设，这一步我们还有很长的道路要走。

更为重要的是在中国讲城市故事的时候，实际上价值链的开发是非常缺乏的。此处的价值分两块，即有形价值和无形价值。所谓有形价值，就是通过这些产品带来了一些经济效益。但实际上更重要的是寓于这个产品的无形价值。无形价值就是我们通常所说的软力量，即由产品带来的社会认知、行为、态度的一些改变，对于讲述城市故事而言，这才是一种真正的价值。

所以，在这个价值链的开发和建构上，我们国内所有城市故事的讲述，其实还都大有可为，特别是我上述所讲的无形价值和有形价值。我举一个小小的例子，各地在讲述城市故事时，大多会采用城市宣传片这一重要的产品形式。我们看到的城市宣传片基本都大同小异，全部都是宏大叙事，镜头着重展现繁华现代的景观、美轮美奂的建筑、幸福欢乐的人群，诸如此类。但实际上它并没有体现在具体的事、情和理上，所以我们在讲述这些故事的时候，流于表面，未深入故事肌理，而它的价值负载能力和价值传达能力也就相对弱得多。所以我个人觉得，一个关键就在于如何把我们城市现有的丰富多样的城市故事素材或资源，创造性地转化和创新性地发展为具有当代价值、普遍意义甚至是世界意义的城市故事产品，能够建构并串联起本土性、区域性及全球性。如果能通过发生在个体身上的故事，把这种价值和意义的超文本连接起来的话，这个故事才是真正有意义的、成功的、有价值的故事。

因此，讲好城市故事，通过城市故事讲述以建构内在价值与现实意义，需要完成几个跨越。一是从对城市的硬件表达，或者说硬件故事的讲述，要越来越向城市软件故事讲述转变，比如城市的治理、城市的公共服务和基础设施等公共产品的提供等，即完成从硬件向软件的转化。二是从更多 GDP 的表达，抑或物质的表达，转向对“人”的表达。人永远是故事的核心，情永远是故事的根本，理永远是故事的支撑。通过人，生发情感，进而阐明事理。因此，需从更多地依靠宏大场面的叙事，转向一些微观的细节刻画，特别是人、情、理的表述。从城市的现代化景观、美好的居民生活环境，越来越转向人们“幸福感”的表达。像重庆、成都这些地方，实在是可以用“幸福感爆棚”来形容的，用四川话来说就是这个日子过得很“巴适”，这是特别值得去展现的。三是价值的转化，就是从厚重深刻的历史价值，更多地转向挖掘城市故事的当代价值及现实意义。

元宇宙前景与城市国际传播

清华大学新闻与传播学院新闻研究中心　陈昌凤

我把之前做的一些关于传播媒介技术方面的研究和城市传播做一点交叉性的探讨，来简单说一说关于元宇宙前景与城市国际传播这样一个话题。

简单地说三个方面。一是关于元宇宙与形象的传播，二是元宇宙与城市发展，最后再讲一点关于元宇宙运用与传播媒介相关的方向。

首先，关于形象的呈现，存在着宏大的形象、抽象的形象，但是现在由于技术的革新发展导致其越来越具象化，形象传播已经不能够只停留在概念层面了，所以形象传播会具象到一个一个的个体之间。而现在的元宇宙概念，最核心的就是虚拟技术。

刚才播放的短片，介绍的是曼哈顿的一个艺术家的家中内景，住户可以通过虚拟化的模式对真实的场景进行全方位的探索。你会由此发现，原来居住在这个城市里的人，生活是如此多姿多彩的，艺术气息浓郁、知识色彩丰富、形式种类多元，而且还包含很多历史文化底蕴。比如说场景中这个柜子，它就是几百年前中国的一个文物柜子，如果想更深入地探索，你既可以从它外部的四个面去观察，还可以仔细观赏其内部结构。透过这种虚拟化技术，可以把现实中的很多事物形象生动表现出来。

如今，虚拟化技术的应用已然十分普遍。比如加州大学伯克利分校，由于疫情期间不能正常举办毕业典礼，于是他们便把整个的校园形象都搬到了虚拟空间里面，然后依照现实原模原样地复刻出来，包括校长、学生、家长、老师都可以用虚拟形象去参加典礼。这种虚拟形象最重要的就是营造了一种沉浸式、开放性、社交性的多元化体验。而元宇宙除了呈现形象之外，它其实还是一个产业模式。所以在元宇宙这样一个用虚拟形象技术打造的新型产业中，无论是呈现形象，还是建造城市设施，它都需要极其关键的底层架构作为支撑，这种底层架构就是我们通常所说的基础设施。因此未来元宇宙作为一种媒介形态，势必会成为城市建设产业化中的一个重要的基础设施。

基于此，各个地方都在大力布局元宇宙。这些元宇宙从它的基础层到平台层再到应用层，已经展现出多种样态。虽然今天我们只论及形象，但这种形象是深入到内在层面的，例如建造一个数字的孪生城市。在这样一种新型空间或者说关系网络中，环境、治理、人文，包括虚拟地产、商场等形象都已经纳入真实的产业中。比如在2003年就已面世的电子游戏《第二人生》中，有一个华人玩家通过在游戏中买卖地产、虚拟物品成为现实世界中的百万富翁，直至现在都有一些名人也在积极投资虚拟形象产品。时下的虚拟技术除了观察，还能让参与者体验到真实的触感，比如微风拂面、刷牙、亲吻等日常经验事物。

再简单介绍一下目前元宇宙运用于产业发展的情况。2022今年4月，有一份报告专门介绍了各个地方，尤其是各个城市如何布局元宇宙。报告显示，目前有14个省份已经将元宇宙列入了地方政府部门的工作规划中，例如最近广州市南沙区出台了“八个一”措施来支持元宇宙，最高能够拿出2亿元来践行规划理念。通过这种新型的虚拟技术，可以有效打造自身的新科技城市的形象。

2022年上半年，元宇宙在美国的监管文件里提及了1100多次，相较于去年只提及了200多次，元宇宙概念正逐步获得认可和支持。近两年，世界上最大的公司企业都在积极布局元宇宙，资本正不断地涌入，2022年的相关投资总额已经达到1200亿美元，由此来打造一个新型的科技城市形象的这种虚拟技术正在全球范围内如火如荼地推广着。也许在不久的将来，我们在发展各个领域时，也能够通过元宇宙来展示我们的形象，并且把传统的概念化、抽象化及轮廓化的这种城市形象变得更加具象和新颖，可以深入到居民家里，也可以深入到区域的规划布局中，反之亦可通过元宇宙产业的发展来提升新科技形象。

国际传播能力建设的升级版

北京外国语大学国际新闻与传播学院　姜　飞

重庆在国际传播方面，尤其是自习近平总书记“5·31”讲话以来，应该是响应最积极的。无论是从川外国际传播学院的成立，还是从重庆国际传播研究中心成立以后的级别设定，都已经是给全国国际传播领域和实践树立了一个非常好的标杆。代表着重庆政府和学界高度的自觉感和责任感。的确，自2009年以来，国际传播能力历经两个五年建设，已取得了阶段性的成就。与此同时，我们还是应该意识到2021年的“5·31”讲话，于国际传播而言既是一个集结号，也是一个冲锋号，说明对于国际传播能力建设：一要持续，二要加强。

基于对国际传播的粗浅理解，一直就沿着这么一个方向去思考，即国际传播从哪里来，将来去向哪里？打个比方，就像深入一片丛林，往往我们可能会顺着从某个方向射来的一盏灯光，奔着光亮前行，尤其是四周都比较暗的时候，那束最亮的光很有可能就将我们带向其所指示的方向。

现实中的光源可以给我们具体的路径指导，但从国际传播理论与实践的角度来说，需要始终保持一个清醒的头脑，即在出发之前，要明辨光源从哪里来，如此便可洞悉这束光将指向什么样的道路。

第一，反溯光源：国际传播能力建设从“发展视野”转向“平衡视野”。

这么多年来，在国际传播领域，我们一直跟着美国的光砥砺前行，慎终如始。二战以后，美国中心主义的光取代了欧洲中心主义的光，并继承了英法这些欧洲传统强国全球殖民主义的光源。

基于此，就国际传播领域而言，我们当前的光源是什么呢?

美国人自二战以后，在国际传播方面确立了一个清楚明晰的光源，其不仅能够帮助美国的媒体走出去，也帮助世界范围之内的其他国家悦纳来自美国的这种传播形式。它们这个光源就是我们非常熟知的发展经济学、发展社会学及发展传播学。自此，美国人为他们整个的国际传播行为所定义并明确的这种发展导向下的光源，成为自二战一直到 1991 年苏联解体之前，全球范围内国际传播的光源和指引。

那么中国的国际传播的光源在哪里呢?

最初，中国介入国际传播或者说把国际传播作为一个重大战略正式提出来，应该是基于国际国内政治经济格局的变化，以及在全球范围内的国家定位变化，还有中外媒体在形势舆论方面的广泛关注。换句话说，正是这样的大环境变迁，促使期待视野随之发生改变，这个期待视野近似于手电筒光束所指引的一个方向。

中国随着这样的光源也经历了三个阶段。一个就是反殖民主义，再就是反霸权主义。反殖民主义和反霸权主义都是针对上述历史上的两个光源所做出的反应。那么今天中国还要反殖民主义和反霸权主义吗?答案自然是肯定的，但是殖民主义和霸权主义新的特点是什么呢?尤其是当中国也成为一个大国以后，在 GDP、经济容量、政治影响力、军事体量等各个方面均已具备大国实力后，反霸权主义在何种程度上会出现反噬效应呢?这是把“双刃剑”，在国家开展反霸权相关行动的时候，也有可能会遭到反噬。所以我们今天从事国际传播理论研究和国际传播实践，就是要在过程中深刻反思历史，综合考虑，战略布局，打造国际传播的升级版，而这个升级首先就是光源的升级。

关于光源的问题，我觉得最主要的就是把此前我们从美国所传承下来的“发展视野”转换成一种“平衡视野”，也就是说，中国的媒体出现并活跃于世界舞台上，中国话语的声音不断加大，其目的不单单是为我们的发展，也是为别人的发展，更是为世界的可持续发展，这属于一种声音的平衡、力量的平衡、地球的平衡。

美国当年通过一个三段论的方式，把美国导向下的媒体和国际传播用发展的视野推向全球。在美国的发达背后，实际起支撑力量的是发展经济学和发展传播学。美国今天给民众社会带来了媒体，促进信息流动和民生发展，结果便使美国媒体自然而然地进入了世界。

当前，中国作为第三世界国家的代表，在国际传播领域要平衡世界传媒秩序和国际传播格局。所以我认为当前中国的国际传播的升级路径，就话语权来说，从最初的话语权和声量争夺逐渐变成一种世界话语资源的平衡。在很多场合下，不管是政府的宣讲、理论的研究，还是实践的导向上，我们都应该用平衡的视野来调整中国的国际传播的发展方向。

从政府主导的国际传播转向多元主体的协同实践，把带有中国特色的且基于平衡理论的国际传播经验分享给世界，让更多人理解的同时将这一研究理念贯彻在实践当中。

第二，这个升级路径还体现在一个新战略的调整。在国际传播领域，美国国务卿布林肯提出了一个新的提案，说中国几大家央媒、外文局、中国社科院，还有各种主流媒体和主流机构，在美国的Facebook、推特等社交媒体平台上都开设了自己的账号，积极地推动中国故事叙事的国际化。同时也提到，从对等的角度来说，美国也应该要求中国在其国内，包括微博、微信等社交媒体平台，允许美国政府和民众开通社交账号来进行同样的对等传播。

所以为什么要提出国际传播能力的升级版及其发展路径？因为这种新的实践动态对我们当前的国际传播局势已经构成了严峻的挑战，我们是否已准备好开放国内传播平台？

因此，为讲好中国故事、传播中国的声音、展示中国形象，通过大力发展国家主导的这种国际传播形式，即“1+6+N”的国际传播格局便势在必行。

具体而言，“1”指的是中央广播电视总台，“6”指的是6家央媒，“N”指的是高校、国资委及诸多民间机构，同时也包括部分时下风靡一时的网红。在新的形势下，由于“1”“6”步履维艰，国际传播的升级路径极有可能把这个“1+6+N”的模式倒过来。抑或出于战略思维的角度，需要对原初形式予以转型，可能最终呈现的是“N+6+1”了，也就是说“6”和“1”将成为国际传播下一步的背景、后台、技术支撑和专业训练平台，而那个“N”则是要积极布局，重新布局。

在全国的新闻传播学院中，此前只有北外有一个国际新闻传播学院，其他大学的新闻传播学院前面都没有“国际”这两个字。但是在习近平总书记“5·31”讲话以后，川外便积极展开行动，在这个学院挂上另外一块牌子，进而致力于建设国际传播学院。这不单单是一块牌子，也是一个积极的自觉意识。下一步，我们特别希望以重庆这个城市为依托，作为对内陆尤其是面向欧洲的前沿，以前的后方观念可能要转换。重庆在下一轮的国际传播中，需要重新思考和面对从后方到前沿这样一个重大的转型。另外，我们从高校实际建设的角度出发，下一步在学生培养这方面的布局上，计划要冲到“N”的前面。这可能是我们在国际传播能力建设和后备人才培养思路上都需要转型的。

中国叙事体系构建的三重逻辑及数字方案

——数字叙事学的视角

暨南大学新闻与传播学院　刘　涛

我分享的题目是《中国叙事体系构建的三重逻辑和数字方案》。为什么做这样一个命题？习近平总书记此前强调，要构建中国话语体系和中国叙事体系。这里的话语体系和叙事体系，二者虽然是有关系的，但还是可以把它们分开。关于话语体系目前学界研究得比较多，但对于叙事体系仍需进一步探讨。特别是在数字时代，数字叙事理论本身也面临着很大的挑战，需要我们在理论上做大量的探索。我之前做过一个研究，对话语体系从新概念、新范畴、新表述这几个维度来进行思考。

新概念就是内容的问题，要在符号层面去探索；而新范畴实际上是一个框架的问题，因为这种话语的冲突归根到底仍是一种认知模式、一种框架层面的冲突，所以可能需要在框架维度开展一些探索；新表述就是怎么去讲故事，跟叙事体系有很大的关系。围绕上述问题，我之前做了一个简单的思考。内容、形式、语言、话语应该属于最简单、最基本的叙事框架，但需要有更深层次的一些思考，不仅仅只是思考传播什么以及如何传播的问题，而是需要在体系这个维度上进行充分挖掘。这个体系到底该怎么去理解？

我主要从四个方面来阐述。任何的叙事体系还是要回应一个话语问题，它得包含问题语境，所以要围绕这样一个问题去讨论叙事，这是第一个维度。第二个就是从理论出发，从经典的叙事学到数字叙事学，需要意识到它带来的叙事问题有哪些。如果把这些问题理清楚的话，当然有助于我们更好地探索讲好中国故事的命题。然后结合前面所讲的新概念、新范畴、新表述，我将其概括为新文本、新语言和新生态，主要是从形式层面、语法层面和传播实践这三个维度上去思考。

第一个方面是中国叙事的话语落点。在思考话语和叙事问题的时候，应把它放在何种层面上？笔者认为应该放在话语实践的框架结构里面去。既然谈中国叙事，肯定会面临很多现实问题，需要去着手解决。对某一叙事来说，其实可以把它加以简单区分。一个是在故事维度上，一个是在话语维度上，而故事可以进一步去细分，话语亦是如此。这样就会面临一个现实情境，就是在讲中国故事的时候，它应该有一个最基础的话语、一个问题语境。比如在讲粤港澳大湾区这样一个城市群的问题，就一定要说明这个湾区背后所对应的话语落点是什么，例如我们谈湾区，重点突出的是“一国两制”、全面开放、内生发展、“一带一路”、文化交融、科技创新、城市集群等实际议题，应该在这些维度上去讲这个故事，相应的话语体系才能真正去回应一些既定的问题语境。

我们再去讨论这些话语问题的时候，必然涉及一些核心的概念，那么这些概念之间关系如何？其中可能包括概念之间的争夺，有时候可能还不一定是争夺的问题，而是涉及平衡的问题，或者是关乎协商的问题。但是不管怎么样，任何一个话语的网络一定是一个由概念体系所构成的语义网络。从修辞的接合（articulation）层面可以帮助我们更好地理解这个问题。举个例子，“全过程人民民主”不是说仅仅通过一个概念就能解释清楚的，可能需要参阅一本相关专著，抑或体系化的框架去实现这种概念之间的链接结构。这就是所谓在思想层面上的问题，或者说真正从理念入手进而指导实践。

第二个方面来谈一下叙事学，从经典叙事到数字叙事。其实我们一直致力于创新媒介表达的语言体系，以前那种普通的故事叙事，包括像《舌尖上的中国》，我们开始拟定用 50 分钟的时间讲述，后来为什么将一个故事的讲述时间调整至 8 分钟呢？为什么这个 8 分钟里面还有“232”或者是“323”更微观的这样一个结构？极大原因在于 2 分钟就得有个小高潮，3 分钟必须得抛出一个大悬念，这些程式已经越来越规格化、技术化、指标化了。这些叙事语言相关的工作，BBC 等媒体已经在做更深入的探索，我们的综艺节目也在用这种非常微观的表达语言，包括灯光布景、场景布置、舞台设计等，都是有一整套非常翔实的方案。

由此来分析“挨骂”问题，其实我们在很多时候面临的是一场叙事的危机。这个叙事可能不再限于传统意义上的污名化，只是在某一个议题上的污名化。而且，更可能是我们通过对这种媒介符号的一种选择，最后构造了一种特定的框架体系。它不像传统模式那样仅侧重于讲一个故事，而是重构了一种认知世界的框架体系。不仅是语言框架，也包括视觉框架，这种视觉框架可能跟我们以往基于主题设计的语言框架，在操作思路上大为不同。所以在理解这种体系的时候，不论如何，还是要以文本为基本的依托。就传统的文本范畴来说，文本是意义的居所，同时也是被生产出来的，即便我们讨论文本中包含着协商，但这种协商注定是非常有限的，它还是基于一个基础性的生产逻辑。但是对新媒体来说，它是交流互动的，从它产生的那一天开始，传统的文本如同我们所说的那样——“作者死了”。

比如像“帝吧出征”之类，为什么会有这样一种实践？其实一个最基本的考察路径，还是要回归文本这个维度上。“帝吧出征”简单来说就是在对方文本的深处“闹革命”，但是这个文本通过在评论区点赞、提高热度来获得支撑，令其可以通过数量方式来重构该文本的内涵体系。所以我们当前看到的文本永远处于一种生成性的结构当中，可能今天是这样子，也许过了两天之后，整个情况就反转了。那么寓于这背后的深层逻辑是什么？就是我们之前提到的数字叙事。经典叙事意味着文本是有一个结构的，意义来源于这样一个结构，但是数字叙事所包含的结构本身可能是另外一个结构的产物，而且这个结构是处在一个生成的动态过程当中。这其实就是数字叙事跟经典叙事最基本的差异。经典叙事会有一个从开始到结尾的完整结构，而其根本意义就存在于这个结构，但是数字叙事把这一整套的东西都颠覆了，所以“遍历文本”“互动叙事”“可能世界”则成为基本的故事形式。因此，我们今天在思考的时候，还不仅仅只是讨论怎么去创作的问题。还包括关于数字叙事的一些核心基本命题，包括跨媒、互动、多媒及融合叙事等。数字叙事本质上也是一个话语权的问题，其中隐喻和框架，是我们展开话语权争夺最基本的两个介入维度。

第三个方面是中国叙事体系，主要涵盖了新文本、新语言和新生态。在思考这个叙事的时候，应该包括形态层、语义层和传播层，分别回应上述提及的新文本、新语言和新生态。它最深层的逻辑就是要解决形式的问题，因为说到数字媒介，必然涉及它的形式为何，这就是需要去思考的。另外就是它的语法逻辑，例如 VR、数据新闻、游戏等等，它们都有不同的语言体系。再者，在实践的维度上，我们需要思考更多的内容，要把范围更大的生态问题整合进去，可能会涉及不同文本之间的互文。今天我们所讲的全媒体，其实也就是在强调不同媒介端口的文本之间的互文问题。将来可能还会面临一些转向，比如视觉转向、情感转向、游戏转向，我们也需要在这些方面做进一步的思考。

在语言层面上，会涉及不同叙事的语言问题。比如并置叙事、链接叙事之类，这是数字媒介最基本的叙事风格，链接有链接的好处，它可以拓展更丰富的论证体系。再比如图示叙事，我们在讲故事的过程中，如若会使用到新媒介形式，那么自然就会采用一些图示予以辅助，包括为什么会用地图、卷轴、游戏之类，这些基本的图示体系其实可以帮助我们去建立一种认知的框架。换句话说，借由图示所呈现的方式和结构，在某种意义上会影响我们如何反馈于它。包括指导这种游戏的“遍历”怎么去互动、参与，这里的“遍历”其实很关键，它意味着我们在程序层面上要去做文章。今天我们广泛宣传要讲好中国故事，不只是停留在文字创作的层面上，还必须考虑媒介的物质性。除了媒介物质层面本身的可供性这些内容之外，还有一个关键之处，就是它的程序修辞，也即程序性的问题。与此同时，新生态的问题，就是不同媒介在流动的过程中，会产生嵌套的问题、转换的问题及故事的协同问题。

第四，在数字叙事方面，我们暨南大学做了一些关于国际传播的实践。比如开发了一些功能游戏产品，通过这种游戏去回应一些现实议题。再比如我们设计的“全景故事会”，通过文化的这种新颖呈现方式去寻找新的传播场景。包括我们做一些 VR 游戏及一些 AR 产品，从而践行这种理念传播。

总的来说，我从文本、语言和生态维度分别解答了叙事的形式问题、语法问题及其实践问题，核心都是一个故事的问题。我们需要回到学术的概念框架里面，去理解故事的文体问题、结构问题、互文问题。

讲好数字化生活的中国故事

浙江大学传媒与国际文化学院　洪　宇

随着国内国际传播战略需求日益增长，数字化转型和国际传播二者的结合显得尤为重要。*China Imagine* 这本书就回应了从 16 世纪以来，欧洲文明崛起以后，中国是如何被西方想象的这一重要课题。从这本书中，我们可以大致联想到整个中国近代的发展历程。事实上，中国近代的发展历程始终处于世界体系当中，我们努力地改变依附型的发展和被殖民的命运。中国革命的胜利带领我们从政治独立走向经济繁荣，并且能够在实践和话语的双重层面主动定义中国，把定义中国的权力牢牢掌握到中华民族自己的手中。

当前，互联网发展和数字化进程已经成为中国式现代化道路的一个重要维度，讲好数字中国的故事业已成为讲好中国故事的一个重要部分。我们在探讨国际传播的时候，既借鉴新闻传播学的理论，也借鉴国际关系学的理论，其中很关键的一个概念就是软实力。约瑟夫·奈的软实力概念一方面关注思想文化因素，谈论思想文化的影响力，但同时也兼顾硬实力，他着重强调的就是硬实力和软实力的相辅相成。那么，中国数字化进程的特征是什么呢？从我们自己的经验研究层面上来讲，或者从学界的基本共识层面上来讲，就是中国的数字化进程。它具备两大显著特征，第一是国家引领，第二是社会参与。

从故事的维度来看，第一，数字媒介催生出了很多新的传播主体，比如诸多本地网红的应运而生。这些个体以传播为实践，通过讲故事这样一种实践方式去改造社会，从而作用于其生存环境，甚至以形成一种新的国家—社会联动关系。第二，数字媒介也非常重要。数字媒介不仅是作为平台和载体，其自身也成了一种传播主体，尤其像城市大脑这样的巨型公共基础设施和公共介质，已然成了很多城市的符号、标签乃至是重要的治理主体。尤为关键的一个命题就是城市大脑的建设，例如，它怎样吸收公众的参与？虽然现有的话语体系和话语框架已存在多种形式，但很重要的一点是其中这些公共介质的生成。它的生成过程中是否包含实实在在的公众参与？比如农村电商之类的新兴数字媒介方式。在数字平台时代，类似于淘宝这样的平台是非常草根且接地气的。事实上，淘宝平台如果没有农村电商的协助，它的发展就只能停留在县城层次，自然就没有办法再下沉了。它之所以能够下沉，完全取决于地方上的一些人及地方上的一些民营企业。它们通过农村电商这个组织化的运作形式促成了一种关系对接，由此形成一个组织形态的模式。所以围绕数字化生活，除了可以讲好个人的故事、群体的故事，同时也可以讲好数字媒介的故事。如这些数字媒介是如何形成的；透过这些数字媒介的形成过程，我们如何去理解中国的故事；我们如何理解中国的道路和中国的制度等关键性议题。

数字媒介已经成为城市国际传播的载体符号和故事叙事，国际舆论也普遍预测人类社会已经进入到一个数字文明的时代。在百年未有之大变局的历史时期，中国问题或中国挑战已然变成了一个非常重要的话题。因此，我们需要从中国的实际需求出发，向世界宣传中国科技发展的意图、路径和效果。

那么如何讲好数字化生活的中国故事，笔者认为有几个维度：首先，我们要认识到数字化生活实质是一种实践，这个实践也就是数字化生活发展逻辑和社会效益本身。其次，我们仍然需要从政治经济的逻辑层面上去关注，用什么样的解释体系向世界讲好数字化生活的中国故事，从而进一步思考中国故事如何开展全球范围内的公共传播。再者，数字中国如何和世界进行互动，如何形成新的国际合作格局，如何推动人类命运共同体的建设？最后，笔者认为特别重要的一点就是，从城市传播的视角出发，我们需要形成一个内外统筹的战略传播意识和体系。国际传播的诸多命题都非常高雅大气，因此，有时候会觉得国际传播似乎和我们周边的环境有一点脱节。甚至有时会存在即使研究了国际传播，也仿佛很难找到对中国的一些现实问题或我们周边的一些重要问题持有发言权的情况。因此，应该将国际传播实践、国际传播研究和国内传播形势统筹起来，达到统筹内外的目的。

粤港澳大湾区国际传播路径探讨

广东外语外贸大学新闻与传播学院　侯迎忠

在国内，我们容易把城市拿来开展相关比较学研究，例如对比重庆和成都的城市发展、景观、文化、美食等内容。广州与深圳同样如此。但是在外媒眼中，他们并不存在非常清晰明确的地域比较观念，粤港澳大湾区范围内各大城市的形象、提及度、关注度、品牌认知度、传播力等重要因素，在他们的报道中没有很明显的区别。

本研究通过道琼斯数据库收集了 2017 年 3 月 5 日至 2019 年 3 月 5 日两年间的外媒英文报道，经过人工甄别主题，剔除重复、无关的报道等程序步骤，选取其中 545 篇报道作为研究样本，以此对外媒眼中的粤港澳大湾区形象进行分析，并在此基础上探讨粤港澳大湾区国际传播路径。

这些英文报道主要来自 55 个国家的 182 家媒体，涉及国家通讯社、主流报刊、网站。其中，大多媒体历史悠久、发行量较大且影响力较强，尤其以财经类媒体为主。正因如此，所以在对大湾区的关注上会更倾向于经济方面，进而香港、深圳被提及的概率就会更高，广州则次于两者，这是由媒体本身的属性所决定的。从报道媒体所属国家来看，欧美包括亚洲一些国家，如日本，新加坡等国对我们的关注度较高。从报道内容来看，总体上出现了三次报道高潮，不难看出这三次事件较为引发外媒关注，即 2017 年 3 月 5 日，粤港澳大湾区城市群发展规划正式提出；2018 年 10 月 24 日，粤港澳大桥投入使用；2019 年 2 月，中共中央、国务院印发《粤港澳大湾区发展规划纲要》。

总体而言，外媒关注粤港澳大湾区主要体现在以下几个方面：首先，多集中在经济领域，聚焦发展模式及具体内容，历史文化层面则相对欠缺；其次，偏重中心区域形象建构，区域内部影响力较为失衡；再者，多侧重于精英阶层话语叙事，公众叙事因素缺位；最后，虽然积极呈现出稳定的正面形象，但刻板印象与质疑犹存。

在国际传播领域有以下几个探索路径：

第一，深挖历史文化根源，创新宣传形式展现湾区人文风貌。我们可以将粤港澳大湾区包含的岭南文化、广府文化、客家文化等历史人文资源予以整合，突出粤港澳大湾区的文化整体形象。在世界全媒体格局下要注重国际传播样态的多元与融合，比如采用“云”展演模式，以歌舞剧的形式对外弘扬传播中华文化。

第二，强化区域联动，以中心城市带动湾区形象拓展。以科创、交通、商贸联动为纽带，强化广深港、穗港深莞、广佛肇、穗莞深、深中江等区域联动理念的国际传播，以中心城市国际形象串联带动大湾区城市群国际形象的有效传播。

第三，深化公共传播意识，提倡多元化主体参与，共塑湾区形象。注重湾区民生报道，展现湾区公共生活，传递湾区人文精神。既体现大湾区作为公共话语空间的功能性作用，也是对粤港澳大湾区形象塑造过程中负面话语的直接回应和有力消解。

第四，精准投放议题，满足国际受众需求。注重国际受众群体的现实诉求，及时有效地传递湾区最新动态资讯，把握外国记者对政府信源的依赖性，提高湾区新闻发言人的职业素养等。

国际传播视阈中的话语生成、竞争及变革可能

中国传媒大学　张毓强

我主要就中国话语和中国叙事的三个问题向大家求教。

第一个问题，在一个竞争的现实环境当中，是否存在一种话语颠覆的可能？这种究竟可能是在不断结构化的动态过程当中所产生的一种新的结构性优势或一种结构性互相沟通的态势，还是说是一个在权力竞争关系当中的话语权问题？因此，在这样一个话语权力的竞争环境当中，我们要将中国的话语权牢牢掌握在我们自己手里。我个人的想法是，生产主体需要在一个可沟通的空间中，基于自身的历史性和本土性，从稳定的价值取向出发，积极生产一套可服务于自我解释及他者呈现的话语知识体系。而这种话语知识体系又不能是完全封闭的，它必须同时吸收其他文明、其他话语的长处和优点，并把这些精华内容纳入自身话语的建构过程中，以自身主体性为基点，尝试做一种新的结构性解释。

第二个问题是如何面对西方的问题。从 2000 年研究国家形象开始，至今我一直在追问自己一个问题：我们这个国家和民族，为什么一直非常在意西方对我们的看法。直到现在，我们已有大量关于西方媒体如何看待我们、西方的受众怎么去看待我们的相关研究。但是，在对老百姓的幸福生活、国内社会治理状态的进步这些方面所投入的资源和力度，与目前我们在意的西方或世界其他地区的人如何看我们之间，这种研究层面上的精力和资源分配应该处于怎样的状态？延伸到话语层面，如果说在过去几个世纪以来，西方的话语体系在全球化过程当中形成了一种结构性权力神话或话语神话，那么在这种神话的背

后，我们是否已经进入在全球范围内解构、颠覆这种神话的周期当中？我个人的想法是，现在中国的发展模式确实和以美国为代表的西方国家所推动以现代化和发展主义为特征的全球化发展模式有所区别。那么我们就需要解释清楚一个问题：我们要如何看待这种不同。我们是应该把它看作要去改变的东西，把它放置于话语竞争空间中去不断检验,还是把它看作是我们自己的特有优势并予以坚持?

第三个问题是中国话语体系、中国叙事逻辑及中国自主知识体系的问题。实际上大家可以明显感到一种知识的断层，20 世纪 90 年代以来，我们在某种意义上大量学习借鉴西方相关的知识。习近平总书记在讲话当中其实也提及过，我们是全球化的受益者，这一点毋庸置疑。在全球化的过程当中，我们怎么去认识那段大量吸纳西方知识的历史时期，而现在我们又应如何看待西方知识、话语进入中国之后产生的竞争态势。如果确定存在一种一体化、秩序化、结构化的中国话语体系，那么我们的中国话语体系如何面对 20 世纪八九十年代那段知识吸取的历史？反观中国从复关入世一直到申奥成功，在整个全球化历程的时代背景下，我们怎么面对并解释中国和西方交往实践的这段历史？就我个人的想法而言，在话语层面上去理解这个问题，在全球的话语市场上要生产出有竞争力的话语，不仅需要现有的秩序化的权力机制以有效维系，还需要大众化的知识生产的共同努力。中国需要对自身有更多的知识性关注，做好自身的知识体系培养及管理。在话语实践中，一个更加从容和包容的象征体系应该弥散在外事外交、国际传播、文化交流的各个层面，进而通过稳定的实践完成一个具有世界意义的、全球共识的、新时代下的中国话语体系的成功建构。

第五章

中国翻译家江北嘴对话：翻译助力城市国际传播

本次论坛第四分论坛，以翻译作为对象，探讨不同文明形态间话语转换的重要性及实现路径、方法、技术，探讨不同类型社会制度下城市发展和城市叙事的叙事逻辑差异，以及如何通过翻译手段建立起相互间对差异的认知、包容、理解和借鉴。

◎**于涛**（中国外文局副局长、全国翻译专业学位研究生教育指导委员会主任）

重庆是“一带一路”和长江经济带的重要联结点和内陆开放高地，也是西部大开发重要的支点城市，在国家发展大局中具有十分重要的战略地位。当前，重庆正致力于建设中西部国际交往中心，这既是深入落实习近平总书记对重庆提出的重要指示要求的具体行动，也是重庆为全面融入共建“一带一路”和长江经济带发展做出的不懈努力。作为重庆市重要的职能部门和核心城区，市政府外办和江北区着力于更好服务国家外交大局、更好服务经济社会发展，借鉴先进经验、立足比较优势、注重务实推进，以高站位、高标准谋划建设中西部国际交往中心，进而不断增强重庆国际事务参与度和城市美誉度，为更好地展示重庆、展示西部、展示中国作出了巨大贡献。

中国外文局是新中国历史最悠久、规模最大的综合性专业国际传播机构，正在积极按照习近平总书记的要求和指示，履行中国国际传播事业国家队的职责和使命，旨在为国际传播和人文交流等领域努力发挥更大的作用。习近平总书记在中共中央政治局第三十次集体学习时（“5・31”重要讲话）强调，要加强和改进国际传播工作，展示真实、立体、全面的中国，下大气力加强国际传播能力建设，形成同我国综合国力和国际地位相匹配的国际话语权。在深化落实习近平总书记讲话精神，加强和改进国际传播建设的实际工作中，中国外文局深化事业单位改革，“中国外文局翻译院”应运而生。翻译院承接组织开展领袖著作和国家重要文献文件的翻译工作，策划组织实施重大外宣项目对外翻译工程等六大职能，在推动更好适应和服务国家整体国际传播战略发展格局中发挥着积极影响。

今天（2022 年 7 月 28 日）上午，中国外文局翻译院与重庆市政府外事办公室签订了战略合作协议，杜占元部长、姜辉部长为中国外文局翻译院中西部分院揭牌，分院将落户江北区，由翻译院、重庆市政府外事办、江北区三方共建。此次合作协议的签署，标志着三方合作进入了新的发展阶段，从而搭建了更高层次的开放合作平台。各方要认真贯彻党中央决策部署，依托各自资源优势，合力打造协同协作的高水平样板，在融入新发展格局中展现新作为。下面，我谈几点希望：

一是要服务发展大局，提高政治站位，充分认识开展战略合作的重大意义。党的十八大以来，习近平总书记两次赴重庆考察调研，多次为重庆发展把脉定向。充分体现了以习近平同志为核心的党中央把握大势、统揽全局的深谋远虑和战略决断，为新时代重庆高质量发展擘画了美好蓝图、提供了根本遵循。我们合办分院的关键，就是落实习近平总书记对重庆和国际传播、对外开放工作的重要指示精神，要提高政治站位，围绕中心，服务大局。

二是要聚焦国际传播和对外合作，突出工作重点，不断提升战略合作水平。当今世界正经历百年未有之大变局，各类生产要素、创新资源正加快重新配置的进程，这也给有准备、有实力、有潜力的地区和机构提供了新的发展机遇。合作各方要积极抢抓战略机遇，切实加强创新合作，共同谋划、储备、包装一批带动力强、影响力大的重大项目，共同向国家有关部委汇报争取、合力推进，通过合作推动发展、实现共赢。

三是要不断深化拓展合作，共同构建协同发展新格局。外文局具有强大的综合实力，可以为各领域切实提供翻译交流服务，重庆更是在国家区域发展和对外开放格局中具有重要战略地位。我们可以不断深化、拓展合作，为国家对外开放、“一带一路”合作倡议等贡献更大力量。真诚欢迎重庆市各级各部门、企业多到外文局调研考察，与局属单位、部门和企业交往合作，外文局也会将更多成果资源、智力资源、创新要素惠及重庆。各有关单位和部门也要进一步细化任务，以更开放的思维、更务实的举措，切实推动好、实施好、落实好战略合作协议，确保合作顺利推进、见到实效。

◎**陶世祥**（重庆市江北区人民政府区长）

习近平总书记强调："讲好中国故事、传播好中国声音，展示真实立体全面的中国，是加强我国国际传播建设的重要任务。"面对世界百年未有之大变局，对外开放的外部环境和内在条件都已发生了深刻变化，世界多极化、经济全球化、文化多样化深入发展，提升国际传播能力已成为我们全面提升对外开放水平、构建区域核心竞争力的重要抓手。重庆因开放而兴，江北因开放而生。今天的江北是重庆对外开放的重要窗口，具备与生俱来的开放资源优势。"一带一路"、长江经济带、西部大开发、成渝地区双城经济圈、西部陆海新通道、自贸区、中新互联互通示范项目，这七大国家战略都在江北落实叠加，国家物流枢纽、全国最大内河水铁公联运枢纽果园港，同时也是习近平总书记现场莅临指导的果园港，均坐落在江北。陆海新通道、渝满俄通道、渝甬（浙江宁波）班列、中欧班列四向通道在此连接贯通。最高人民法院第五巡回法庭、国家金融科技认证中心、西部金融法律服务中心、国家商标审查协作中心在此落户，中新金融峰会、江北嘴新金融峰会、首届中国（重庆）国际消费节等国际活动亦在此举办，徐悲鸿金顶作品展等高端展览正在展出中。江北在吸引老朋友如约而至的同时，也欢迎新朋友慕名而来，天涯比邻的默契令人动容。"近者悦、远者来"引领江北开放大格局、经济大发展。

2022 年上半年，江北区实现进出口总额 443.7 亿元、同比增长 40.2%，GDP 753.3 亿元、同比增长 5.5%，社零增速、商品销售总额、存贷款余额、一般公共预算收入总量、区级税收总量等多项指标位列全市第一。江北有自身的内在、才华和气质，里里外外、上上下下、实实在在都永争第一。传播力决定影响力，影响力就是我们的软实力。江北的开放气质因国际传播而彰显，江北的城市魅力因国际传播而展现，而翻译正是一座连接中外、沟通世界的桥梁。相通则共建，自从有了翻译作为交流的渠道，全世界的交往互动便成为可能，不同肤色的人们交流畅通、心灵相通。自从有了翻译作为联结的途径，全世界的联系更为紧密，各国文明交融互鉴、兼收并蓄。自从有了翻译作为合作的平台，人类命运共同体就有了基础和载体，各方携手推进多领域合作，共同创造繁荣发展新时代。

心合意同、谋无不成，此次论坛以翻译助力城市国际传播为主题，既是贯彻习近平总书记关于国际传播重要讲话精神的具体实践，也是落实党的十九届六中全会和市委第六次党代会精神的重要举措，更是一场思想的碰撞、智慧的盛典，论坛必将为重庆加快建设对外开放高地、建设西部国际交往中心提供强有力的理论支持和经验遵循。我们将开展国际传播合作，积极参与世界文化对话交流，提升中国传统文化的吸引力、感召力，制作多语种城市宣传片、影视作品，以促进世界更好地认识江北、认识重庆、认识中国。江北区 2021 年全市营商环境第一，我们还将持续打造营商环境最优区，深入开展“百千万联系服务市场主体”全覆盖工作，不断提升国际服务水平，强化国际要素保障，创造更安心、更放心、更舒心的国际交往环境，让江北开放城市形象气质更佳、人民生活更美好。

大江南北、最美江北，走南闯北、最爱江北。真诚期盼大家来到江北这片开放创新的热土施展才华、尽显风采，与江北高质量协同发展、高品质生活同频共振，进一步推动合作共赢。

◎**周毅**（重庆市政府外事办公室副主任）

习近平总书记十分关心重庆的开放发展，指示重庆要加快建设内陆开放高地，在西部地区带头开放、带动开放。当前重庆正加快推进中西部国际交往中心建设，并取得阶段性成效。一是积极融入国家对外工作总体布局，服务大国外交贡献度明显提升。配合国家举办中国上海合作组织数字经济产业论坛、中国—东盟特别外长会和澜湄合作第六次代表会、中国拉美企业家峰会等系列重大外事活动。二是积极融入国内国际双循环，国际资源配置能力有效增强。西部陆海新通道等对外交通优势明显提升，中新互联互通项目等平台体系加快完善，促进开放型经济提质发展。三是积极拓展各领域对外交流，国际交往活跃度稳步提升，高质量办好智博会、西洽会、陆海新通道国际合作论坛等重要国际会议活动。四是积极营造良好交往环境，城市国际化水平持续提升。外交部批准在渝设立领事机构增至 13 家，国际友好城市和友好交流城市分别达到 52 对和 112 对。

重庆是新中国和党的外交事业的发源地，抗战时期以周恩来为代表的中共中央南方局把开展国际交往、扩大国际统一战线作为外事工作的特殊使命，明确“宣传出去、争取过来”的对外方针，通过丰富的外交实践争取国际社会广泛支持，进一步建立和发展国际统一战线，为新中国外交事业奠定了重要基础。南方局外事组培养了周恩来、王炳南、龚鹏、乔冠华等多位优秀外交部人才，时至今日“宣传出去、争取过来”对我们讲好中国故事、传播好中国声音、做好城市国际传播工作依然具有重要指导意义和借鉴价值。翻译被喻为国际传播中的最后一公里，在城市国际传播领域具有不可替代的重要作用。近年来，在中国外文局的精心指导下，重庆市翻译人才队伍以高水平保障智博会、西洽会等大型国际活动和国际会议翻译工作，以高质量保障市领导外事活动翻译工作。重视全面加强翻译队伍建设，提升专业水平，服务开放发展，助力翻译工作迈上新台阶。

当前受世界百年未有之大变局影响，在开放、多元、复杂的全球背景下，翻译工作越来越呈现出多维度特征，其路径、形式、方法、内容和功能都在发生深刻变化。我市翻译研究和翻译实践在新时代下不断面临新形势、新挑战和新要求，在翻译人才队伍储备、翻译服务质量提升、翻译研究成果转化等方面，与新时代城市国际传播的客观需求都还存在着一定差距。今天专题研讨论坛的成功举办，必将对我市翻译工作在赋予新功能、激发新活力、迈向新征程等方面，发挥重要的推动作用。重庆市外办将主动作为、抓住机遇，充分发挥外事资源和渠道优势，促进全市翻译队伍和翻译事业蓬勃发展，为国际传播提供语言支撑、智力支持和专业保障。进一步提升城市知名度、认可度和影响力，努力塑造可信、可爱、可敬的中国形象、重庆形象。

◎**李伟勇**（中国外文局翻译院副院长）

我就中国外文局翻译院中西部分院的基本规划和下一步的工作谈几点想法。

第一，设立中国外文局翻译院中西部分院是中国外文局与重庆市强强联合、优势互补，共同推动国家翻译能力建设的具体体现。

2019 年，习近平总书记致信祝贺中国外文局成立 70 周年，并明确提出“建设世界一流、具有强大综合实力的国际传播机构”的目标要求，为中国外文局未来发展指明了前进方向、提供了根本遵循。翻译是外文局立局之本，也是做好国际传播工作的重要基础和必要前提。落实好习近平总书记指示要求，推动国家翻译能力建设，服务党和国家工作大局，是中国外文局在新时代背景下肩负的重大责任和使命。

借助 2021 年中央事业单位改革试点的契机，外文局对现有机构和相关业务进行通盘谋划，通过改革打通并强化统筹谋划、议题设置、智库研究、融合发展、精准传播、外宣协作等国际传播业务各领域多环节。在今年（2022 年）4 月 1 日召开的中国翻译协会换届大会上，外文局局长杜占元同志当选并担任新一任会长，杜局长明确指出，加强国家翻译能力建设，是新一届中国译协的重要任务。2021 年改革中新组建的中国外文局翻译院，将在统筹全外文局、全行业的翻译资源上发挥重要作用。

国家翻译能力建设不单指语言的转换能力，也不单是某个个体或机构的能力，而是一个国家在翻译领域整体能力的集中体现，是通过翻译行为建构对外话语、开展文化传播、塑造国家形象的综合能力展现。加强国家翻译能力建设，要聚焦实际需求，围绕服务“一带一路”建设、文化走出去等国家战略部署，加强顶层设计、汇聚各方力量，在增强国家翻译能力上取得突破性进展。

重庆市作为我国中西部地区唯一的直辖市，是长江上游地区经济中心、国家重要先进制造中心、西部金融中心、西部国际综合交通枢纽和国际门户枢纽，拥有巨大的国际传播工作潜力，拥有丰富的对外国际交往实践经验，同时也有其独特的区位优势、生态优势、产业优势和体制优势。

设立中国外文局翻译院中西部分院为外文局、重庆市在协同推动国家翻译能力建设方面奠定了坚实的基础。

第二，中国外文局翻译院中西部分院的主要定位是助力重庆市加快建设“中西部国际交往中心”，讲好重庆市高质量发展的故事，并以此为基础，辐射带动中西部地区其他省份提升国际传播能力和水平。

“加快建设中西部国际交往中心”，这是 2021 年 4 月国务院批复同意重庆成为“开展服务业扩大开放综合试点省市”提出的明确要求。今年（2022 年）7 月 20 日，重庆市五届人大常委会第三十五次会议指出，重庆建设中西部国际交往中心成效显著，国际“好友圈”越来越大。重庆国际友好城市 52 个，国际友好交流城市 112 个。目前经外交部批准，外国在渝设立领事机构达 13 家，居全国第四。在渝世界 500 强企业达到 312 家。综合上述方面来看，中西部分院的未来发展空间广阔、前景可期。中西部分院将深入对接江北区的发展需求，提供全方位的支持。

根据外文局 2022 年研究制定的“精准传播联合行动计划”，未来将持续推进与全国各省市的深度合作，外文局翻译院今后也会根据需要在国内其他区域设立合作机构，希望中西部分院在协作模式、资源开发等相关方面开展先行探索。

◎**黄友义**（中国翻译协会常务副会长）

语言就是生产力。两周前联合国宣布世界人口达到80亿，除去14亿中国人会讲中文以外，其余66亿当中很少有人能够听懂我们中国话、看懂我们的中国文字，也很难理解我们所表达的意思。在这个大背景下，翻译对于中国不仅是一种简单的语言交流工具，实际上还发挥着助力中国参与全球治理的现实功能。

重庆市江北区站在更高层次开放的角度，决心打造中西部国际交往中心承载区，我认为这是一个具有鲜明时代特点又影响深远的举措。其影响范围不仅涉及江北区，还包括重庆市乃至整个西南地区。我们特别期待在不久的将来，能够看到一个崭新的、高度国际化的文化和经济枢纽。

在国际化建设过程当中，语言环境将起着至关重要的实际作用。20世纪80年代初，外文出版社出版了一本名为《来华投资100问》的英文书。大家要知道，在那个年代，中文书卖得很快，外文书在国内的销量则相形见绌。但是正是在40年前，这本书出版后的第一周就销售7000册，这在当时可以说是一个天文数字。可见，外国人需要题目新颖、内容上乘、语言优美，并且适合他们阅读的资料。

既然江北区正加快推进国际化的区域建设，那么所有法律法规，大到投资管理、小到衣食住行，都需要既考虑到外国人的客观需求，还要考虑到他们不懂中文、不了解中国国情、不懂中国文化的现实因素。举个例子，比如我们说新中国，大家一般翻译为New China，外国人通常把它理解为新时代的中国或者邓小平时代的中国，或者21世纪的中国，但实际上我们所说的新中国是指1949年成立的中华人民共和国。又比如我们说改革进入深水区，翻译不恰当的话外国人就理解为“中国默认了改革的失败”，因为在英文中深水区意味着“必死无疑”。再比如我们说要贯彻落实政府的每一项重大决策，外国人可能会理解为我们只想落实“重大”，次要的政策可以不予理会。可以看出，翻译绝不仅仅是机械的文字转换，不论是中文撰写还是对外翻译，在构思时都要考虑外国人的思维模式和理解角度。

不是会外语就会翻译，会翻译就会对外翻译。对外翻译是翻译队伍中的高层次人才，也是翻译专业从传统的“翻译世界”转向“翻译中国”时代突出需要的紧缺人才。重庆市外办和江北区政府具有高度的自觉开放意识，加之与中国外文局开展交流合作，将有利于语言环境建设和人才队伍培养。特别是中国外文局翻译院中西部分院的成立，也让外文局和中国翻译协会能够有机会对江北区的建设贡献自己的力量。我们常说“要致富先修路”。在国际传播方面，培养和构建一支素质良好的翻译队伍，就是国际化建设的一条重要路径。一支成熟的对外翻译队伍，一定会加快助力城市的国际传播，对外讲好江北的故事、讲好重庆的故事。

人才是至关重要的资源，高层次翻译人才队伍的建设需要政策支持和行之有效的具体措施作为保障。去年（2021 年）中央部委专门发文要提升中国的对外翻译队伍建设，这是中华人民共和国成立 72 年来第一次由中央部委根据翻译的现实需要专门发布文件。在这个文件的配套文件中有很多针对翻译队伍的保障措施，比如其中一条就提到，今后的外语老师不仅要会做翻译，还要在国际场所、各种论坛、各种渠道中直接用外语讲出中国故事。这些政策，将使重庆翻译队伍的建设有章可循，有政策指引和具体保证支持。

中国外文局翻译院中西部分院的成立，应对重庆的建设发挥更积极的作用，同时也要吸收在国际传播过程中因翻译问题带来的经验教训。比如说科学发展观，很长时间以来国际上对此一直没有充分理解。时任英国首相的戈登·布朗曾专门派人到外文局沟通，他们表示：“中国的政策很好，但是你们的翻译我们没法理解。”在西方，科学发展观通常被理解为自然科学，或者是针对封建迷信的一种科学启蒙。这是我们在国际传播过程中所遭遇的困境，同样也应该成为我们可资反思和利用的经验和资源。

在此我想向各位领导提个建议：在国际化建设过程中起草任何一个文件时，不能单方面认为外国人就需要这些，因此就要让他知道这些，还应该邀请专家学者适度论证诸如此类的提法能不能很好地让外国人理解，能不能如实翻译为外文。因为有些时候中文的理念从中文的逻辑结构上说是很好的，但是翻译成外文以后效果可能欠佳。在这一点上我们要向周总理学习，当年他在总结经验教训之后，一个主要的做法就是请对外专家开展论证工作，甚至有的时候会对中文进行补充、调整。只有通过这种严谨的互动交流方式，才能让我们所有的表述更加国际化，能更精准地讲好中国故事，讲好重庆故事，讲好江北故事。

◎**尹杰**（中国对外书刊出版发行中心副总编辑）

我的分享主要从以下三个方面来详细展开，这些内容是我和我们中心协同创新部谭星宇主任思考和讨论后得到的共识。

第一，在国际传播视角下的内容生产、议题设置方面。江北区区位优势凸显，置于多个国家重大部署的关键点上。有几个数字印象特别深，讲到江北金融资产占重庆的一半，GDP 总量排第四，但是税收等其他五个指标均位列全重庆第一。江北的经济实力已发展到一定水平，在这个层次上应该更加重视宣传和国际传播工作。如何做好国际传播工作是一个庞杂的体系，我的建议是可以简单总结为三个借力。

首先要借内力。如何理解内力呢？从公关上讲有一个很重要的策略，叫作“与巨人比肩”或者“站在巨人的肩膀上”，我们要找到一个可以类比“借力”的对象或能够给自己加分的一个基准，这个“基准—内力”就是指江北国际传播应该首先要借力重庆和重庆人。因为重庆的国际形象近年来逐渐攀升，重庆国际传播中心和清华大学共同发布了一篇中国城市国际形象传播报告，从报告中可以看到重庆这些年在国际传播方面的诸多建树。重庆的关注度和声誉在稳步上升，这得益于每个重庆人都在用心做好传播。因为重庆人天生耿直豪爽、自带幽默感，这点可以充分利用。滕书记的演讲中说道我们是“长江上游的陆家嘴”。当时我就想，“长江上游”对中国人来说很具象，而且是一个比重庆更大的区域。但是如果要向国外开展宣传，可能讲江北是“重庆陆家嘴”或者“重庆曼哈顿”，外国人就更好理解了。因为重庆知名度更高，曼哈顿也更接近他们对金融方面的实力认可或者中央商务区的合理定位，相较而言可能更贴切。

其次要充分借助外力。这里说的外力指的是“借外国人来看、借外国人来说”——重视国际视野。我们外文局经常做的事就是策划组织外媒及网红、外籍专家和国际友人，请他们体验和领略中国故事，同时也请他们来编辑录制视频，或者把国内重要的宣传内容和有关观点（通过展览、论坛等方式）传播到国外，植入我们组织的国际人文交往活动中。

最后也是最重要的借力：要借助国际传播力量，借“翻译的力量”。外文局的特征是向外，国际传播涉及国际化的表达，包括图文、影音、视频，基础和核心内容是语言服务、对外翻译的能力，所以第三个借力的关键在于翻译助力城市的国际传播。实际情况是翻译需要更准确、更符合对方需求和能够接受的层次共同作用，我理解这正是中西部分院成立的一个核心目标。

第二，从产业发展布局方面。经贸的互联互通，需要语言的交流互动来做支持。作为一个重庆人，我特别建议江北区在统筹经贸发展战略的时候，要把握中国外文局翻译院中西部分院建设的契机，重点扶持发展语言服务产业。这一产业主要涵盖了语言翻译、语言教育培训、语言知识性产品及更多特定领域的语言服务，再加上技术赋能，这个产业未来还有很大的发展空间。基于此，如果再继续深化产业方面的布局，相信一定能够给江北区再增添一个新的特色。我们中心在2013年创立中国企业全球形象建设的高峰论坛，这个论坛的一个主要观点：中国企业的形象是中国国家形象的重要组成部分，所以做好企业的国际传播特别重要。江北区的企业发展已经具备极大的实力基础，比如长安、智飞生物等都在国际上享有盛誉。今天上午中国城市国际传播课题报告中提到，重庆现在已经给大家形成魔幻 8D 交通和美丽时尚摩登之类的“标签”印象，这个印象难免会存在不全面之嫌。不全面的一个主要缺失点体现在重庆的经济形象。江北区既然是重庆经济方面的顶梁柱、当家花旦，为了进一步加强重庆市经济形象的建设，江北区就应该承担起这样的重任，区内各企业要更加重视国际形象的建设。

第三，关于中国外文局翻译院中西部分院发展方向。2021 年澜湄外长会议在重庆召开，会上提及重庆目前在整个东盟方向都有重大战略布局。中西部分院刚刚成立，应尽快找到一个切入点和突破口，从而更好地服务大局。结合时下重庆和东盟方面的重大战略布局，中西部分院在语种上也要认真考虑，同时着手加大力量做好东盟国家非通用语种方面的建设。我们在以往的国际交往经验中深深地了解到，即便讲好英语可以通行很多国家和地区，但是如若能流利地用当地的母语来交流，肯定会事半功倍。所以中西部分院在建设过程中，若是在布局上对东盟国家非通用语种有一些倾向性的安排或者支持，相信整体工作效率一定会获得大幅提升。

中国对外书刊出版发行中心还设立了国际传播发展中心，主要是负责做国际传播的创新发展，策划组织开展丰富的国际交流活动，也包含了国际出版、国际奖项、国际论坛等项目内容。此外，我们在东盟国家相关方向有一些既往积累的资源，在 2016 年创办了《中国东盟报道》杂志，我们还连续多年承办中国—东盟媒体合作论坛，组织澜湄合作设计大赛……期待能有更多的深入合作。谢谢!

◎**吴昊**（四川外国语大学东方语言文化学院副院长）

很荣幸能够借此机会首先向大家介绍一下我们东方语言文化学院的基本

情况。学院目前开设 9 个专业，分别是阿拉伯语、朝鲜语、越南语、泰语、希伯来语、缅甸语、土耳其语、马来语，正在积极申办波斯语专业。学院的阿拉伯语、越南语、朝鲜语专业是国家级一流本科专业建设点，希伯来语是重庆市一流本科专业建设点，同时我们还设有亚非语言文学朝鲜语、越南语方向硕士点，阿拉伯语语言文学硕士点及朝鲜语口笔译、阿拉伯语和越南语笔译专业硕士点。通过国家留学基金委公派和校际交流项目，所有专业的学生都有机会到对象国实地开展交流和学习。学院现有 9 个专业的对象国，主要涵盖以下板块：阿拉伯对象国是位于西亚北非的 22 个阿拉伯国家，阿拉伯国家是共建“一带一路”的天然合作伙伴。希伯来语是以色列的官方语言，土耳其语是土耳其的官方语言，我们正在申报的波斯语是伊朗的官方语言，届时阿拉伯语、希伯来语、土耳其语、波斯语就可以覆盖整个中东地区。越南语、泰语、缅甸语、马来语属于东南亚板块，覆盖了东盟十国当中的越南、泰国、缅甸、马来西亚和文莱五国。中国和东盟已经建立了全面的战略合作伙伴关系，东盟也是重庆最大的贸易合作伙伴，最近两年都是如此。重庆市政府为此还出台了一个重庆市深化与东盟经贸合作行动计划（2021—2025），计划到 2025 年重庆和东盟的货物贸易总量超过 200 亿美元。印度语是南亚、印度的官方语言，朝鲜语对应东北亚。可以看出，基本上所有的语种都是服务于国家“一带一路”合作倡议的，也是服务重庆“两点”定位、“两地”“两高”目标、发挥“三个作用”，服务国家倡议、服务地区经济发展的一种思想自觉和行动自觉。

我们思考的是新时代下作为语言专业的历史使命是什么。新中国成立以后培养了多语种外交外事人才，打开了我国对外工作的局面。刚开始主要为俄语英语，后来亚非拉语言相继开设，于 20 世纪 60 年代特别集中。改革开放以来为经济建设、对外交往和社会发展铺路架桥，新世纪培育了大量高素质、复合型外语人才以服务国家和海外合作。中国外语教育始终与民族命运休戚与共，始终把使命担当书写在党和人民的事业中。自2016年以来，习近平总书记反复谈及外语人才培养的重要性，中国外语教育事业受到习近平总书记再三叮嘱和期许。2016年9月，习近平总书记指出，参与全球治理需要一大批熟悉党和国家方针政策、了解我国国情、具有全球视野、熟练运用外语、通晓国际规则、精通国际谈判的专业人才。2020年5月，习近平总书记强调讲好中国故事、传播好中国声音，展示真实立体全面的中国。2021年9月，习近平总书记强调要着力提高国际传播影响力、中国文化感召力、中国形象亲和力、中国话语说服力、国际舆论引导力。习近平总书记在北外成立八十周年之际，给老教授的回信中说道，要努力培养更多有家国情怀、有全球视野、有专业能力的复合型人才，在推动中国更好走向世界、世界更好了解中国上作出新的贡献。参与全球治理需要外语来开路，外语教育只有与时俱进方能发出时代之声、回答时代之问。历史行进到今天，中华民族伟大复兴的战略全局与世界百年未有之大变局同步交织、相互激荡，变局中的世界需要更深层次地了解中国，强起来的中国需要同综合国力和国际地位相匹配的国际话语权。东方语言文化学院将一直以为党育人、为国育才为己任，努力培养堪当复兴大任的高素质、复合型外语人才。

◎**王华树**（北京外国语大学高级翻译学院翻译技术专家）

现在我们处在工业4.0时代，已是普遍共识，每个时代都有自己的特点。1.0是蒸汽时代，2.0是电气时代，3.0是自动化时代，特点技术驱动行业变革，专业技术推动人类进步。在第四次产业革命或是技术革命的阶段，一个万物互联、万物智能的社会正在形成，所以国家特别重视AI的发展，世界大国也把AI作为重要的发展战略。

翻译技术发展迅速，主要得益于算法、算距、算力等多方面协同发展。AI技术是我们新一轮科技革命、产业革命的一个重要推动力量，需对此加以持续关注。从语言行业、产业技术的发展方面来看，一项包括400多种翻译技术的统计显示，翻译技术每年都在持续增长。纵观整个语言行业，这些技术实际上为语言服务提供了基本技术支撑，未来的发展方向更是趋向产业化、智能化。尤其是神经网络机器翻译技术，自2014年之后发展非常迅猛，运用前景也非常广阔。过去我们追求全球化、国际化，现在则更多追求数字化、智能化、元宇宙，这些都与行业技术发展密切相关。就翻译行业来说，从原来人工翻译到现在数字化、数据化翻译，表明这个行业的格局也在发生着巨大变化。泛在翻译、智能协同、知识管理的新型数字协同服务业模式技术架构也正在形成。

国际化传播离不开人才培养，这两年教育部发布了很多促进教育现代化的文件。技术与教育融合的趋势非常明显，未来自然要加强技术与翻译行业的深度结合。我们正处在一个AI大时代，新一轮产业变革必然催生出很多业界新形态，传统的产业模式已然稍显滞后。此时我们应该处在一个稳步攀升的光明时期，也是一个战略期，探讨翻译院的大发展、中西部分院的成立，包括技术赋能传播都非常重要。

对国际技术传播媒介的关注也极为关键。从最初原始的石块、竹简记事到交互式、沉浸式传播，技术改变了知识构建、传播的方式，而这一改变的基础就是数字化技术。数据局认为我们改造世界的价值在于我们对数据处理的贡献。成立翻译院实验室包括翻译院中西部分院，以及我们未来要做的事情，其在一定程度上是化解更多混沌化的数据，这样才能加强我们的数据管理和数据治理。

国家对数据产业也日益重视。“十三五”“十四五”是非常重视数据技术和数据产业的，因为在新时代，数据已经成为新的生产资料和生产要素，为此要利用各种各样的技术，把之前的内容和形式化的部分抽取出来，在不同的主体，包括国际主体中流动、对接及融合，这样才能更新改变传播方式和传播关系。

使用甲骨文和使用数据，分属于两个完全不同的时代。大数据技术实际上是传播历史上的一个里程碑，其重点包括互联网技术、大数据创新技术。传播不再仅仅以内容为核心、内容至上，能通过大数据以发现信息，体现自身的价值，从而满足用户体验，这才是最重要的。所以从智能化和数字化的角度来看，未来我们加强翻译数据资源库的建设，尤其是非同语种库的建设非常重要。基于此，我们便能搭建各种各样的数字资源平台，利用数字化技术改善国际传播工作，展现真实、立体、全面的中国。

在这个背景之下，外文局翻译院在工作方向、语料库和术语库建设、翻译人才队伍建设、行业标准制定、智库研究服务、其他技术赋能探索、翻译技术驱动国际传播等方面有几点思考，并联合了像华为等一些技术创新中心，搭建技术创新的共同体。从数据、信息、知识洞见等各个层面发力以提升技术，赋能国际传播。未来还将产生更多的技术，比如全球的数据采集技术、多语言数据治理、多语言机器翻译、跨国语意检索、视觉搜索等等，在这些技术发展背景下，国际传播可以向更深、更广、更高效的方向发展。

翻译技术除了能运用到基本区域发展或者传播方面，还可以服务于国家战略，尤其是国家语言发展战略，如“一带一路”发展战略，致力于提升国家翻译能力。通过实验室平台，可以更好地促进国家构建国际文化传播、国际语言环境包括国际软实力的建设，还能搭建一些国际语言服务平台，搭建语言大数据开放数据库。智能化要发挥技术优势，如未来人机交互模式，让机器做更多的事情，人则可以发挥各自优势，各擅其能、美美与共。比如智能写作，目前该领域处于一个大爆发阶段，产品非常多。机器能基于一些话题或者某一类关键词，于写作系统中自动扩展成文，还能根据关键词的要求形成不同的风格，这主要是机器通过大数据海量的样本进行学习。目前像《人民日报》、新华社、今日头条等很多主流媒体都在这么做，因为借由机器写作能最大限度实现高效、密集、不间断的传播。此外还有其他靠深度学习、神经网络、知识图谱的构建等多种技术整合在一起的翻译技术。

《人民日报》和百度合作推出了一个创作大脑，能大幅度提升新闻的产品效果，比如截取视频关键人物、语音识别、全网热点数据、跟踪监控，从此批量产出更多可视化的数据和报告。这些都是未来新闻传播发展的热点，可以把 AI 技术用于新闻策划、采编、审校等等。总的来说是通过技术构建融媒体时代一个新的生产发展实践。新华社在 2018 年推出全球首位 3D 的 AI 主播，主播兼具立体感、灵活性、可拓展性、交互能力，能不间断进行播放。在大规模的会议、会展、博览会上使用多元的机器翻译及显示，都可以大幅度提高效率。

根据相关数据统计，囿于时间、成本，企业内部有 99% 的内容是没有翻译的。未来可借助多方资源搭建一个技术共同体，以此研发多语言机器翻译平台，旨在提升语言服务行业产出，推动更多企业走出去，助力更多企业国际化建设。

机器翻译还能助力网络小说出海。其主要是面向武侠世界、起点中文网、推文科技等小说平台，机器翻译可以进行全文数据的抓取，从而极大地提升翻译效率，降低成本。尤其是在网文出海或者中华文化对外传播的情况下，靠人工翻译时间过紧，但是依靠机器翻译，包括众包的机制运转，可以快速产出更多的作品，帮助个人的作品走出去。与此同时，语料基础平台的建设，涉及多语言、多模态，包括监控动态的语料建设也非常重要，如“一带一路”语料建设。技术赋能是一个基本技术，也是一个基本发展策略。包括定制化语料加工，尤其是加强底层翻译资源建设，同样也需要多方共同完成。比如外文局利用过去几十年的语料去做多语种、多模式中国关键词的发布，包括阐释中国发展、发展道路等方面。这些利用技术多模态生动地展现当代中国的情况，是一个非常好的国际传播渠道，包括中国特色话语对外标准建设，多语言对照形式。未来我们可以在中西部分院围绕上述方面继续做拓展工作，希望能够把更多力量加入进来。

大数据舆情分析和监控平台。针对特定事件、人物进行实时监测，分析其发展路径、演变特点和规律，通过后台进行类比、拟合、预测来判断特定问题，以此提高国际话语的应变能力。比如在推特、Facebook 等国际化的渠道或者媒介上做一些监控和分析，这样可以更好地了解世界，当然也可以让世界更好地了解中国。通过数据挖掘、自然语料梳理、语料技术实践等形式，构建特定语料库，实现不同区域、不同国家、不同群体受众的精准传播，将是未来的必然趋势。

对于教学来说，现在大数据技术已经非常便捷，如意识形态、策略研究等都可以通过新的大数据技术来实现。基于数据挖掘可以看到文本之间的关联、符号之间的关联，进而找到更多内在规律。

最后是国际传播人才培养。刚才提到，未来一定要培养多元的传播人才，比如在 2019 年国家发布了 13 个新的职业，这是因技术发展导致的产业变化、职业变化、语言服务的变化及相关部门的变化，借助产业岗位、产业结构升级所催生出来的新兴职业，包括机器翻译和编译人员，未来可能还会涌现更多符合社会和世界发展需要的新兴职业。

总而言之，未来除了拓展语言的翻译文化，加强从业者技术能力、技术传播综合能力，还要加强相应的国际化能力。我们不可能靠单一力量达成这一目标，所以今天同众多专家一起，我们形成一个政产学研的共同体。希望通过未来与中西部分院一起协作，通过线上线下丰富各种活动，整合更多技术资源、引入更多共建伙伴，以此创造更多共赢机会，搭建起协同发展、互利共赢的生态平台。

未来除了要加强技术应用，还需要完成技术标准、技术规划、技术服务等多方面的工作。围绕国家的发展战略，比如国家的科技发展战略、国家的语言发展战略、中国文化走出去、“一带一路”文化强国的规划等，大家联合起来，把我们的工作方向、使命感和国家的话语体系建设等内容结合起来，促进共同发展。更大层面上，未来还需要提升语言服务在国际传播中的战略地位，加强产业技术创新意识和能力，完善技术规范和标准化建设，优化语言服务人才能力结构，加强服务行业的宏观调控作用。希望各方共同努力，携手为国际传播做更多富有意义的工作。

附 录

中国城市形象的国际传播

——以重庆市海外社交媒体传播实践为例

清华大学新闻与传播学院、重庆市对外文化交流协会、

重庆国际传播中心联合课题组①

一、研究背景

城市是人类文明进步的重要成果和人类文明交流互鉴的重要桥梁，是构建人类命运共同体的核心部件。今天的中国城市建设更是新中国的巨大成就，是中国精神、中国力量的重要体现，是中国方案、中国智慧的生动案例。在国际交流中，应充分发挥城市作为国际传播主体、客体、载体的特性，将城市空间的文化符号、文化元素进行创造性转化与创新性发展，擦亮城市名片，使其成为对外传播的有效载体与创新表达。

近年来，重庆成为国内国际各个视频平台和网民关注的“网红城市”，但重庆独特的城市功能定位和自然地理文化环境决定了重庆不仅仅是“网红”，它对国际传播有着深层次的需求。重庆是西部大开发重要战略支点，地处“一带一路”与长江经济带的联结点，是国家中心城市、中西部唯一直辖市和陆海新通道运营组织中心，这内在要求重庆向国际化、绿色化、智能化、人文化现代城市发展。目前，重庆正在推进建设中西部国际交往中心、内陆国际金融中心、国际消费中心城市建设，整体推进城市传播，积极开展城市传播的创新实践，推动构建“一带一路”城市共同体，既是推动地方经济社会发展和对外开放的必要保障，也是“讲好中国故事、传播好中国声音”国家使命的应尽

① 课题组成员包括：胡钰、马然希、庄臣、王子凯、杨鹏成、赵宜胜、陈冬艳、王婕妤。

之责。

因此，本文旨在通过研究海外社交平台——推特（Twitter）所呈现出的重庆城市形象，通过内容分析法，把握文本所建构出的城市形象，分析重庆市的城市形象在国际传播过程中体现出的特征与不足，并提出针对性建议。

二、文献综述

（一）国际传播视域下的城市形象

国家形象由“形”与“象”两部分构成，“形”包括国家的政治、经济、文化等客观存在状态，“象”是外界即公众主观的对国家的综合评判和总体印象（范红、胡钰，2016 年）。围绕国家的定位，可以对国家形象进行全方位、多维度的塑造工作，主要包括国家形象标识、国情介绍、政府形象、企业形象、城市形象、历史形象、国民素质等方面（范红，2013 年）。总体而言，中国的国际形象较之前已有了一定改观，但是在国际新闻舆论场上的弱势地位，以及国际主流媒体对中国的误解和偏见没有改变（史安斌，2018 年）。城市是国家的一部分，在国际社会的舞台上扮演着“次国家行为体”的角色（〔英〕苏珊·斯特兰奇，2006 年）。虽然我国在国家安全、外交等高级政治领域的主体不可撼动，地方在对外合作上只能是对中央的配合和补充（黄海涛，2020 年），但是随着我国改革开放的不断深化，城市打造对外的特色品牌和名片的意识不断增强，这对国家形象塑造和城市本身发展都具有重要意义。

城市形象的概念最早由凯文·林奇提出，他认为城市形象指一个城市作为有机整体，其在经济、文化、生态等多方面发展中所反映出的整体风貌（〔美〕凯文·林奇，1960 年）。城市形象传播在中国的发展主要经历了三个阶段，目前已形成了“城市发挥能动性、通过互联网平台建构传播自身形象和受众通过符号化的解读对城市进行审美、消费并形成个体的城市形象认知”的动态互动过程（刘丹、李杰，2016 年）。城市通过形象塑造，一定程度上实现了提升竞争力、推动经济发展、吸引人才和资本、强化市民自律意识等功能，(李彦冰、孟艳丽，2017 年)。但城市形象在国际上的跨文化传播过程中，面临更为严峻的挑战。

（二）国际传播视野下的城市形象研究

针对国际传播视野下的城市形象，学者们进行了诸多探索。在理论和研究思路方面，我国学者主要从以下三个角度出发。

第一，从城市的主体性出发，依托城市的地理环境、文化特质、城市发展等，探讨城市作为主体所塑造出的“形”，以及可能塑造出的“形”。总结来看，城市作为传播主体具备丰富的内涵。一方面，城市主要通过“国家授权”、国际互动和国际环境获得国际身份，国家授权提供了城市能够以行为主体活跃在国际舞台上的合法性，城市则承担着参与国家形象建设，构建“多层外交”格局的重要使命（张沁，2012 年）。另一方面，自 20 世纪 90 年代末开始，城市形象传播经历了前移动互联网阶段、移动端图文阶段、移动端短视频阶段三次“进化”(李爱哲、迟晓明，2019 年)。以城市为传播主体，城市形象传播历经了“城市形象传播主体一体化”的前互联网时代、“城市形象传播主体多元分化”的移动端图文时代和“城市形象传播主体多元何为”的社交媒体时代三个主要阶段。比如，学者叶桂平从次国家行为体的视角出发对澳门特别行政区的对外关系研究（叶桂平，2013 年）等。

第二，把城市作为客体，从城市形象的概念出发，结合具体城市的政策和实践，分析其在国际传播过程中形象建构面临的形势与挑战。首先，接触到重庆的受众首先是个体，在社交媒体时代的传播应避免大众传播的思维方式，力求在充分把握受众需求和受众感知的基础上进行有目的的国际传播，有方向的形象构建。其次，城市作为客体，不仅仅包括典型的城市景观，还应涵盖生活在城市中的每一个人。他们既是城市形象的主动塑造者，也是国际受众建构城市的客体形象过程中更为直接和感性的认知窗口。即在城市形象的建构过程中，不仅要关注到城市之外的人，也应关注城市之内的人。近年来的研究者对此逐渐重视，如徐杰对济南市城市形象的国际传播策略研究（徐杰，2020 年），孙华基于城市形象传播的 IP 建设路径研究（孙华，2020 年）等。

第三，从国际传播的角度出发，分析城市作为载体在不同媒体平台上所呈现出的“形”与“象”的互动。城市是展现中国发展成就、中国模式、中国道路和中国理念的重要平台。城市在海外形象建构和传播实践过程中，体现出不同国家、不同民族之间的文化交流。如何进行良好互动，呈现城市形象，传播中国声音，是学者们关注的主题。如沈斌等基于海外英文报道对上海城市形象的国际传播研究（沈斌，2019 年），欧亚基于推特对北京的国际形象和传播模式的研究（欧亚，2021 年）等。

在研究方法上，实证和规范研究兼而有之。在实证研究中，研究者多采用内容分析法，通过大数据、媒体平台上的文本或问卷调查收集样本，关注文本，对其进行统计、编码，分析新闻报道的框架、情感、态度及其呈现出的城市形象等，这是目前学者所普遍采用的研究方法。整体来看，大部分研究都采用了量化的研究方法，质化分析方法的相关研究较少。在规范研究中，研究者们以理论分析、政策解读为主，从学理和制度层面关注城市形象传播。

（三）重庆市城市形象传播相关研究

自从 2000 年以来，学界对重庆市的形象传播关注度日益提升，形成了以“传播策略—重大活动—形象呈现”为主轴的研究谱系。在形象传播策略维度，研究者关注重庆的主体性行为，从重庆自身特点和新媒体发展趋势出发，提出基于重庆市的文化历史资源、自然建筑景观、政治经济发展塑造重庆城市品牌，发挥政府传播主体作用，搭建媒体传播矩阵，打造重庆新名片，创新传播形式，实现个性传播、立体传播、融合传播、互动传播、人际传播（吴江文，2008 年；张春林，2009 年；马拉，2021 年；李红秀，2021 年）。在对以特定节事活动为对象的研究中，研究者围绕“一带一路”倡议、重庆“两会”、体育赛事、春节、重大事件等探究城市形象塑造和传播方法，分析如何把握节事、活动契机，策划媒介事件，提升受众认可度，讲好中国故事（冉晓芹，2012 年；张昉，2018 年；邓迪，2019 年；陈玉玲，2021 年）。研究者还基于对具有强大的国际传播能力和国际影响力的世界城市和重庆实践的研究，进一步提出了城市国际传播的主体、客体、载体“三位一体”构想（马然希，2021 年）。

在城市形象呈现方面，研究者们则分别选取人民日报（人民网）、微博、抖音、快手等平台上的重庆形象进行分析。黄俊对《人民日报》创刊以来 70 年间头版涉渝报道进行扎根分析，认为 70 年来重庆的城市媒介形象发生了“革命激情之城”“工业建设之城”“新兴腾飞之城”三次转变，反映了重庆城市品牌的形成过程（黄俊，2018 年）。屈雯静发现人民日报（人民网）上的重庆城市形象由原本的“雾都”“麻辣城市”“西部经济中心”“热情豪爽”等传统形象转变为主打“新晋网红城市”“魔幻 8D 城市”“文化艺术旅游城市”等形象标签，虽然容易被网民接受，但是重庆本土化的历史文化和精神价值内涵有所匮乏（屈雯静，2019 年）。而以抖音为代表的视频媒体平台则呈现出不同的特征，杨茜从符号建构的角度出发，提炼出抖音呈现出的城市形象中的音乐、饮食、景观、科技和人物符号（杨茜，2020 年）。总结来看，在视频上的重庆形象更强调本土文化、微观角度、生活气息和在场感。

上述研究从多维度、多角度对重庆城市形象传播进行了探讨，有较高的理论意义和实践价值。但是，这些研究多停留在国内甚至是重庆市内的层面，较少关注到重庆市在国际上的城市形象传播实践。而对国际传播视野下的重庆城市传播有所关注的研究也多从重庆官方传播主体出发，对其实践和政策进行分析，忽略了重庆城市在国际舞台上的形象呈现。

三、研究设计

重庆市城市总体规划（2005—2020年）中提出，要“把重庆建设成为世界知名，富有山城江城特色和历史文化传统，充满吸引力和竞争力，适宜创业发展和生活居住的现代化大都市”。经过多年的实践探索，重庆于2018年8月30日正式开通官方海外传播平台iChongqing，通过英文网站和脸书、推特等社交媒体平台向海外用户投放重庆市相关新闻。截至目前，iChongqing的海外用户超过880万，成为重庆对外开展传播的主要平台（2021年），重庆在国际舞台上逐渐“展露身影”。

因此，本研究采用内容分析的研究方法，以2018—2020年推特平台上与重庆有关的推文为研究样本，对其进行分析。有关城市形象，陈俊鸿提出城市形象设计应包括城市的总体形象、景观形象和标志形象（陈俊鸿，1994年）。王新文指出构建城市形象应该尊重人、尊重文化，尊重差异等，因地制宜发展确定城市发展的方向和模式（王新文，2003年）。陈柳钦认为城市形象“集合了城市的地理、政治、社会文化等特征”（陈柳钦，2011年）。徐剑则强调起到“名片”作用的城市形象全球识别系统包含产业识别、地标识别和仪式识别三大核心要素，其中仪式识别主要指受众参与的、基于各类重大事件的媒介仪式，如文化活动、体育赛事等（徐剑，2021年）。同时，在视频社交趋势催变传播范式的背景下，视频社交也成为城市形象的重要场域，在具体实践中应重点关注以特色城市音乐、美食、景观、科技设施、移动元素为具体表现形式的日常生活类视频内容挖掘、创作与传播（王佳炜，2021年）。这为我们界定城市形象传播的概念内涵提供了参考。

基于以上学者的观点，并结合以往学者对于重庆城市形象塑造和城市形象传播的研究。本文认为重庆的城市形象可分为自我呈现和用户感知两大部分，具体可包括政府形象、经济形象、文化形象、城市景观、市民形象五个维度。

因此，本研究将从推文依据发布主体、推文内容、情感倾向三个维度进行编码分析，利用量化的方法研究推特平台上重庆的城市形象。

其中，发布主体可分为重庆官方账号，我国其他官方机构账号、国内企业账号、国内个人账号；其他国家政府账号、其他国家企业账号、其他国家媒体账号，其他国家个人账号；国际组织账号；推文内容可分为政府形象、经济形象、文化形象、城市景观、市民形象。情感倾向可分为正面、负面、中性。其中，政府形象是指公众对政府所展现出的道德素质、执政能力、办事效率等形成的价值判断，是政府行为在公众心中的知晓度和美誉度（潘娴、肖灿，2019年）。因此，政府形象可被细化为“政府部门”“政府活动”。企业形象是城市形象塑造的参与主体之一，是城市形象的重要组成部分（袁新敏、张海燕，2008年），是展现城市形象的重要名片，所以，经济形象被细化为“企业形象”和“经济活动”。同理，城市景观被细化为“自然景观”和“人文景观”两方面；历史形象分为“传统节日”和“历史事件”两个方面；文化形象细分为“特色民俗”“文艺活动”和“体育赛事”三方面；市民形象被分为“行为规范”和“市民肖像”两方面。通过对重庆城市形象在推特平台上的呈现特征和传播规律等编码结果进行分析。

四、样本选取及编码

本研究以重庆的英文名“Chongqing”为关键词，运用网络爬虫工具Scrape Hero Cloud对推特在2018年1月1日—2020年12月31日三年时间里发布的推文进行抓取，设定筛选条件为“点赞数、转发数和评论数均在5以上”，以剔除“水贴”，提升内容分析的有效性。

在以上条件下，爬虫工具共抓取数据799条。其中2018年共124条数据，2019年共236条数据，2020年共439条数据。对数据进行清洗和处理后保留的信息内容如下：1. 用户名；2. 文本内容；3. 回复数；4. 转推数；5. 点赞数；

6. 发布日期。具体见表 1。

表 1

1	name	content	replies	retweets	favorite	date
2	Katykaybauer	(M) at Chongqing Zoo. https://t.co/0h7veA7TdG	10	31	253	09 Jan 2020
3	People's Daily, China	apartment, forming a waterfall on the building, in Qijiang District, southwest China's Chongqing. Over 69, 207 people across 28 districts and counties in the municipality have been affected by the heavy rainfall and flooding. https://t. co/43tJetvIhZ	25	79	140	03 Jul 2020
4	Carl Zha	Despite 2000+ years of rivalry between my hometown Chongqing and Chengdu, I must admit Chengdu is nice https://t. co / 180dA-vUe7z	12	13	75	01 Sep 2019
5	Carl Zha	As much as I love my 2nd hometown Chicago, there's no comparison to my 1st hometown Chongqing https://t.co/prHAp24V7M https: //t.co/YASQf6wdx6	16	11	153	05 May 2020
6	Mandarin Teacher 🐵	write about how I resigned from my job as a Sales & Marketing Analyst at one of Nigeria's fastest growing tech companies, and moved all the way to China with the help of my amazing family & friends. Here are some of my fav photos: https://t. co/LBzs7jiiyB	19	18	81	10 Sep 2019

研究者对数据进行初步分析观察发现，数据的文本内容主要集中于日常饮食、自然风光、文体活动、新冠疫情防控进展、政府政策、企业产品等，据此研究者认为以上提出的编码框架基本涵盖了文本内容，以该编码框架进行编码，可以得出全面而有效的结果。

本次编码过程共有四名编码员参与。为了保证编码结果的可靠性与准确性，研究者对编码员进行了编码培训，并进行了编码员间信度测试。测试结果显示，本研究的编码员间信度系数为 0.91，通过了编码员间信度测试，编码员间对于文本的理解与判断高度一致。

五、编码结果

在根据上述编码表对数据进行编码的过程中，共有 36 条数据明显无效，研究者对剩余的 763 条数据进行了编码分析。

（一）历年推文发布数量

2018 年至 2020 年三年间，推特上主题词为“Chongqing”的推文数量分别为 110、218、435，数量上呈现出明显上升趋势，这意味着在推特平台上，关于重庆的讨论逐渐增多，重庆在推特上的热度在逐渐提高。

图 1

（二）发布主体

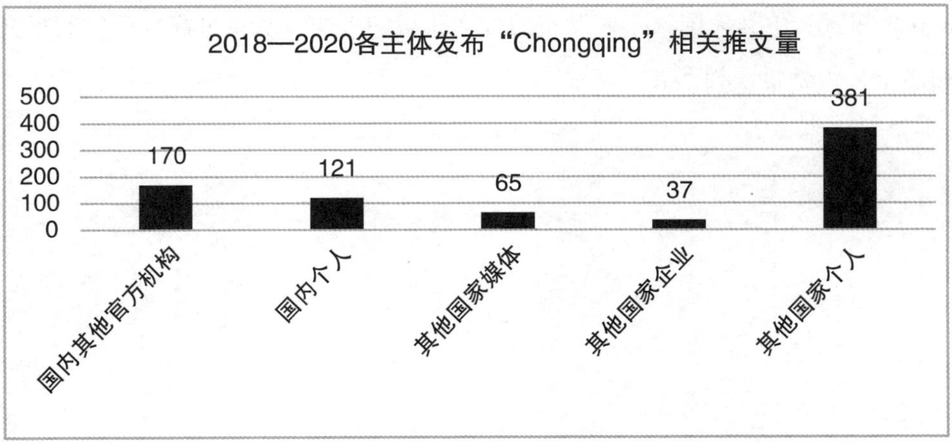

图 2

从发布主体上来看，推特上国外个人账号最热衷于讨论重庆相关话题，其次是国内其他官方机构，如人民日报、新华社、中国日报等国内主流媒体的推特账号，除此之外，国内个人也是重庆话题推特账号的活跃群体。

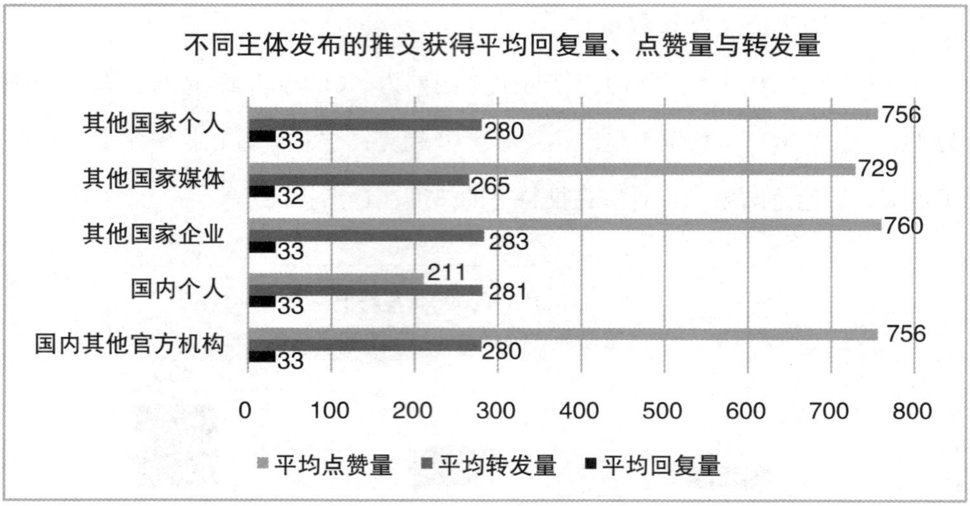

图 3

从不同发布主体的推文获得的平均点赞量、转发量与回复量来看，在重庆相关的话题下，不同主体的推文获得的转发量与回复量较为接近，除了国内个人的推文平均点赞量仅为 211 外，其他发布主体的平均点赞量都集中在 700—800 之间，其中其他国家企业发布的推文获得的平均点赞量最高，所发布推文每条平均点赞量达到 760。

（三）发布内容

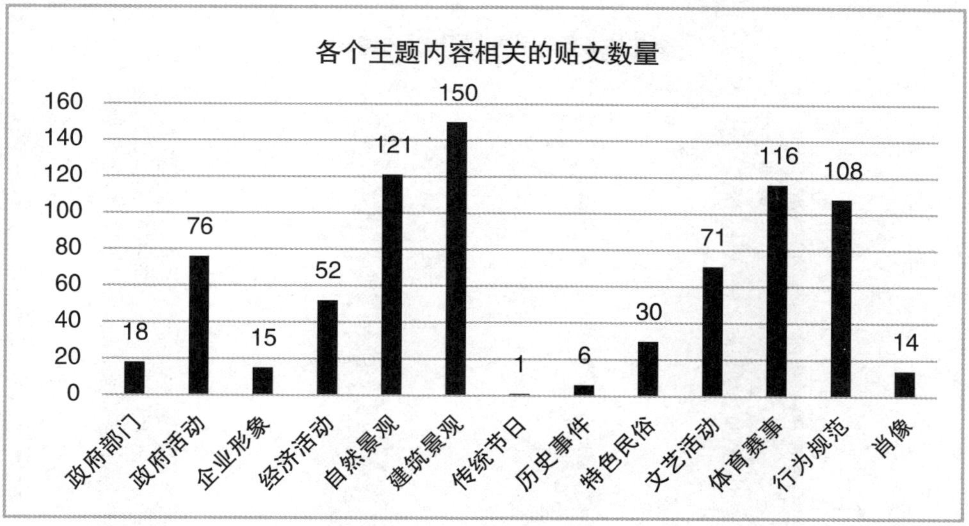

图 4

从发布内容看，展现重庆环境形象的推文数量最多，其中讨论建筑和基础设施的推文数有 150 条，这些推文多聚焦于重庆的轨道交通与各式依山而建的高楼建筑；自然景观主题的推文数量也有 121 条，内容多为重庆的山形地貌与动物园里的大熊猫。

除了环境形象外，重庆的文化形象也是相关推文的主要内容。文艺活动、体育赛事成为推特用户推文的主要内容。文艺活动中，文化娱乐明星的活动是用户发推讨论的重要主题，而重庆当地的电竞、足球等赛事和俱乐部也有着强大的粉丝基础，是重庆相关推文中的重要话题。无论是轨道交通还是文艺演出、体育赛事，这些都是相对现代化与年轻化的形象，相比之下，推特上关于重庆的“传统节日”和“历史事件”的讨论度并不高，从这点来看，推特上的“重庆形象”较为现代。

市民形象也是推特上重庆形象的重要组成部分，其中市民行为规范是主要讨论话题之一，推特上的国外个人账号会发布自己在重庆与当地人的互动情景，市民生活中的个人化行为更易引起广泛讨论。

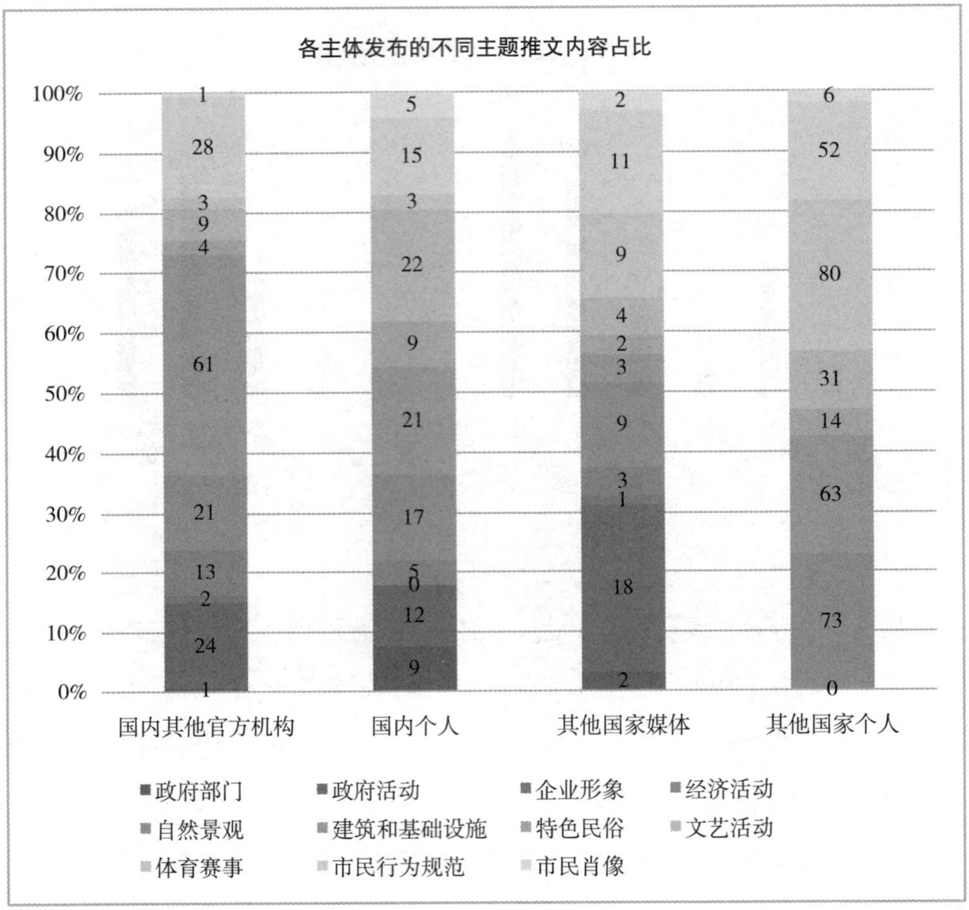

图 5

从以上数据可以看出，国内其他官方机构的推文内容主要是与重庆当地的人文景观相关，尤其是建筑景观，而国内个人账号的关注内容较为多元，其中文艺活动和建筑基础设施占比较高；其他国家媒体发布的推文中，与政府活动相关的推文占比显著，其他国家个人在推特平台上主要发布的是与企业形象、建筑和基础设施、政府部门相关的推文。

（四）情感倾向

不同发布主体的“情感态度”影响着推特上“重庆形象”的建构。以下为各个主体发布的推文里不同情感倾向的推文数量占比。

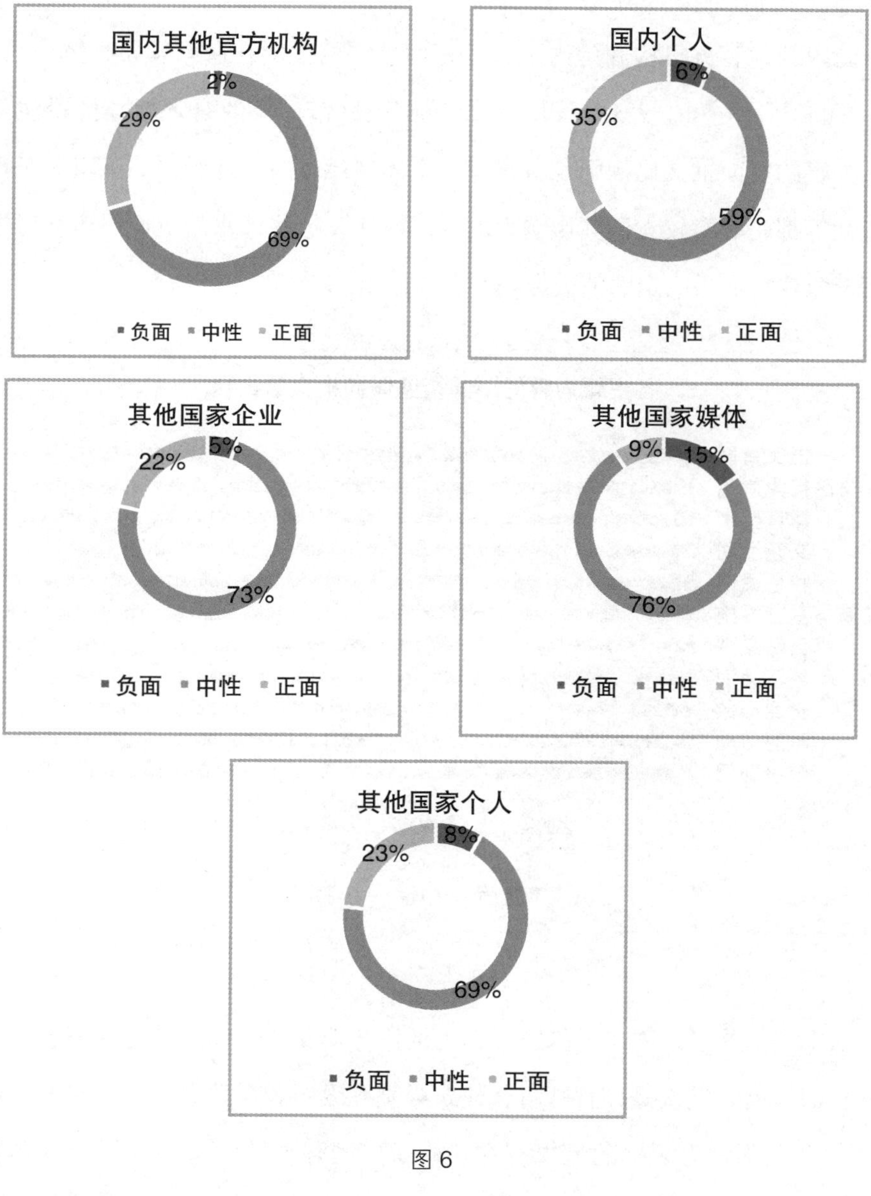

图 6

从上图可以看出，中性推文的数量基本占据所有推文主体的五成以上，结合具体的发布内容来看，较多推文客观展示了重庆人文和自然环境。虽然没有表现出明显的情感喜好，但是客观的展现与曝光能够为重庆的国际形象建设奠定基础。

国内其他官方机构和国内个人的正面推文的比例在所有发布主体中最高，显示了国内官方和个人对于塑造和维护中国城市形象的自觉性。值得注意的是，外媒的负面推文比例则是所有发布主体中最高的，外媒中如《纽约时报》、美联社等都是具有较大国际影响力的外国媒体，这些外媒的负面报道会对重庆国际形象建构产生一定的消极影响。

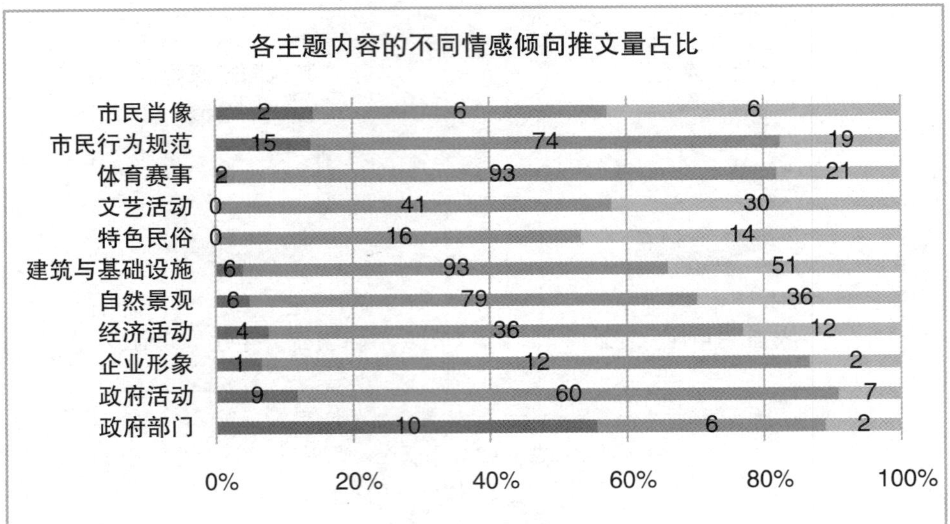

图 7

从上述结果可以看出，推特平台上的用户对文艺活动和特色民俗基本持中性或正面态度，其次是体育赛事、建筑与基础设施和自然景观，这些形象在推特平台上有着较为积极的呈现，在建构重庆国际形象中可将其作为重要着力点。而在描述政府部门的相关推文里，包含负面情绪的推文占比接近60%，但涉及具体的政府行动时，中性推文数量占比近 80%。除此之外，推文中对重庆市民的行为规范和肖像存在一定的负面态度，结合内容来看，这些推文多关注重庆市民的不文明行为和一些猎奇活动，因此在构建重庆国际形象中，应着重展现市民生活积极的风貌。

六、重庆在 Twitter 上传播量的多样本分析

以上内容分析的样本设定了“点赞量、评论量与转发量均在 5 以上”的筛选条件，这一筛选条件尽管能在一定程度上避免将“水贴”纳入样本之中，但同时也可能会剔除大量尽管缺少多维度影响力但却有着实质传播内容与倾向的文本，进而使内容分析的结果存在结构性的偏差。

以重庆的英文名“Chongqing”为关键词，运用网络媒体监测服务商 Meltwater 融文，对推特在 2021 年 1 月 1 日—2021 年 12 月 31 日一年时间里发布的推文进行抓取，设定筛选条件为“点赞数、转发数和评论数任一项大于 5”，研究者将这些推文编码为有传播影响力的推文，以提升内容分析的有效性。

（一）总体概览

图 8

结果显示 2021 年 1 月 1 日—2021 年 12 月 31 日内，推特上共有 3667 名用户发布 11329 条关于重庆的有传播影响力的推文，平均每天在推特上有 31 条有传播影响力的推文被发布。经过对 11329 条推文进行筛选，研究者发现其中

有 1470 条来自 iChongqing 发布的推文，约占 12.9%，其中互动量超过 100 次的有 106 条，超过 1000 次的有 20 条。

对 11329 条推文的文本进行词频分析，结果如下：

图 9

表 2

Keyword/Phrase	Occurences
city	345
chongqing	184
world	152
infrastructure	125
stunning scenes	123
same energy	122
animation	122
home	99
country	98
cities	90
love	68
video	61
night	60

续表

Keyword/Phrase	Occurences
big screen	59
hometown	56
定時報告	54
7am	53
175m	53
life	50
重慶寸灘	50
history	46
zhan	45
look	44
heart	41
qt	40
dongting	39
train	39
town	38
eyes	37

从上述词频统计可以看出，“city”是文本之中出现频率最高的词汇，这意味着重庆作为一个城市主体得到了更多的曝光和认可；“infrastructure”“train”等高频词汇反映了重庆的城市轨道基础设施和建筑在Twitter平台上得到了比较多的关注，这与前述内容分析的结果基本吻合。“zhan”（指国内明星肖战）等高频词汇反映了与重庆相关的偶像明星和文娱活动在推特上获得了高关注度，以上词频分析结果与前述内容分析的结果较为一致。

（二）整体情感倾向

在11329条推文中，有8533条推文为中立，约占75%，有1977条推文为积极，约占17%，有522条推文为消极态度，约占5%，297条无评价，约占3%。

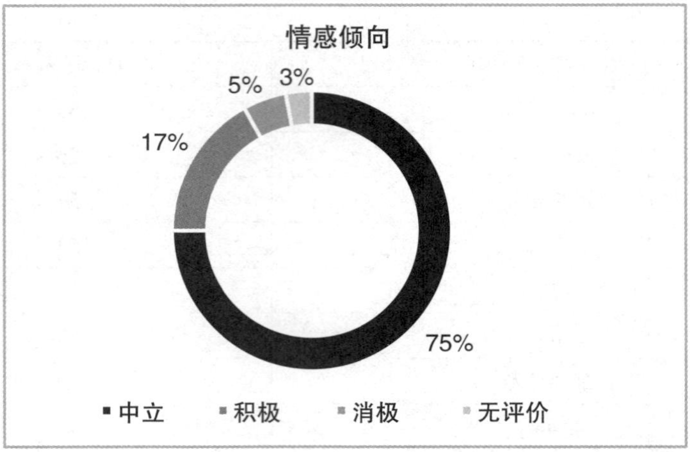

图 10

（三）最高话题

最高的话题有“重庆”“中国”“肖战（英文、泰文、韩文）”“旅游”“城市景观”“into1”。可以看出中国明星在海外社交媒体上的热度会提高其所在城市的热度。同时，作为一个年轻化的城市，与重庆相关的话题紧贴年轻人的生活，并带动相关的讨论，进而转化成城市的传播影响力。

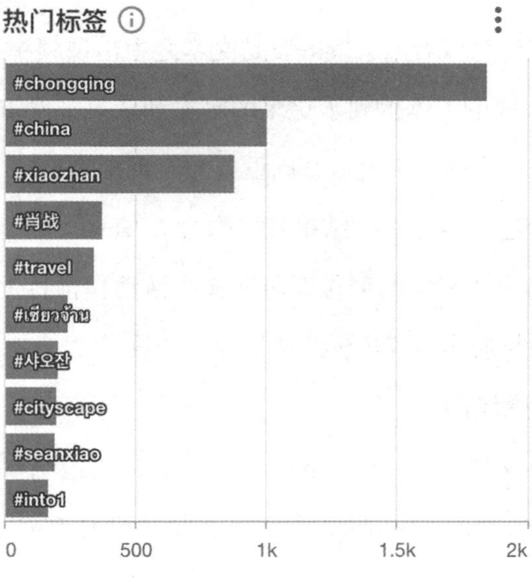

图 11

（四）发布地区

对推文发布的地区进行统计发现，相关推文主要来自中国大陆，这意味着推特平台上的重庆相关内容的发布者集中于中国国内，进一步说，以重庆、北京两个城市为主。作为国际性的社交平台，推特平台用户来自全球各个国家和地区，重庆在推特平台上的受众仍有较大的挖掘潜力，要有针对性地加强对海外受众的传播影响力。

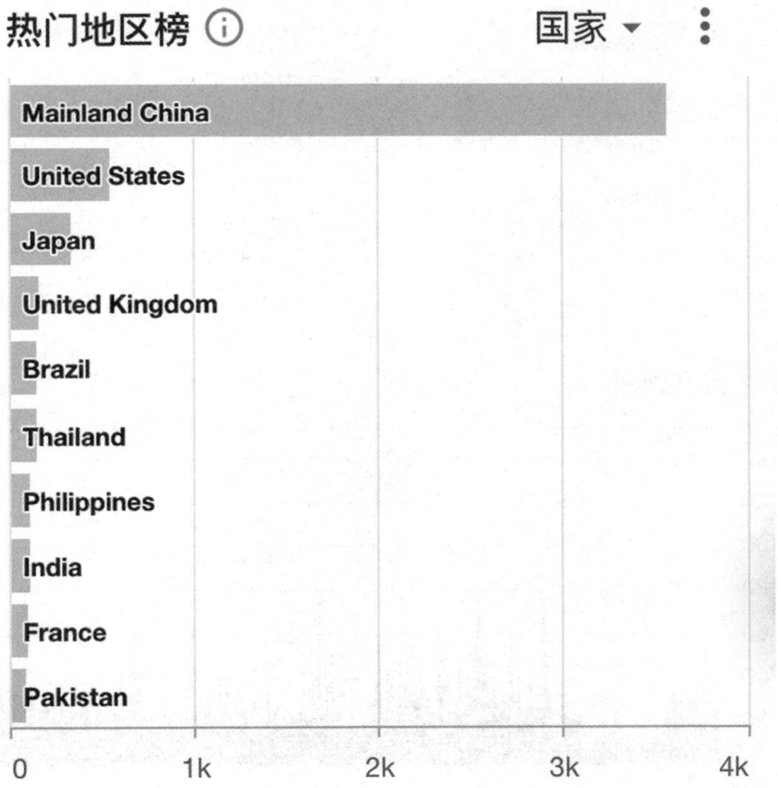

图 12

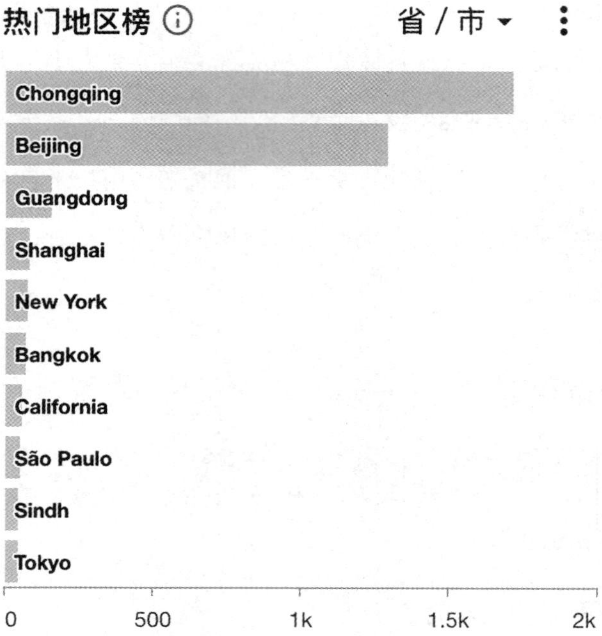

图 13

（五）推文频率

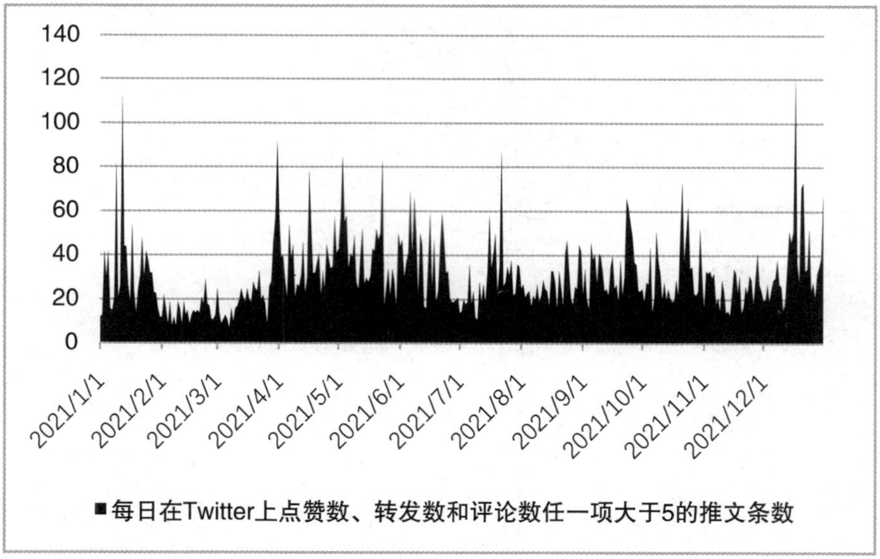

图 14

通过筛选和分析发现，重庆在推特上出现两个传播峰值，分别是 2021 年 1 月 12 日和 2021 年 12 月 17 日。这两天重庆在推特上单日的热文推文量都超过了 100。

具体来看，其中 2021 年 1 月 12 日推文流量数据增多是因为《奇妙之城》综艺开播，娱乐明星肖战参与录制，回家乡重庆探索风土人情。肖战的中国和国际粉丝在社交平台推特上发布多条推文，同时宣传重庆美食、特色景点等。

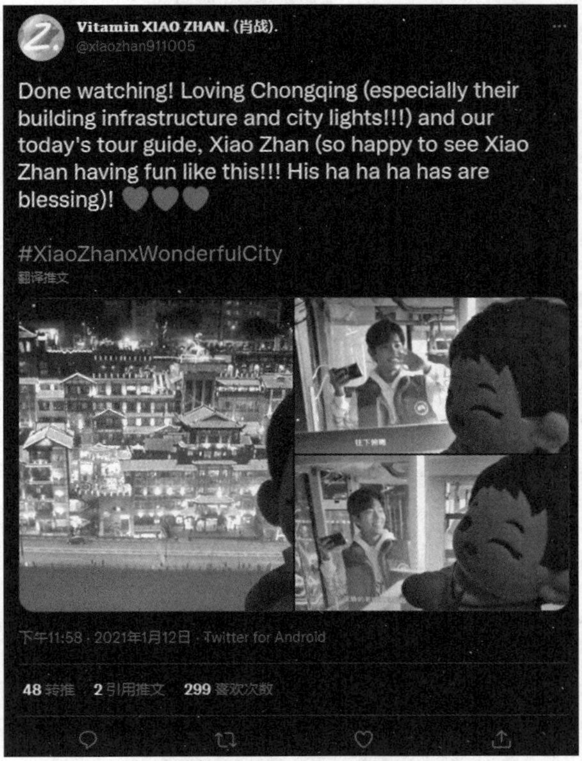

图 15 肖战粉丝对重庆进行宣传

另一个波峰为 2021 年 12 月 17 日，在这一天，多个推特大号发布有关重庆的推文，获得大量曝光和转发。其中 NCT 中国队威神 V 成员董思成来到重庆参加 Gentle Monster 开业仪式，65 万粉丝的@SM_NCT 和 24 万粉丝的@NCT__Indonesia 等粉丝后援账号都发布了相关推文，引起一波传播热潮。

图 16 董思成粉丝对重庆进行宣传

此外，into1 成员重庆籍艺人林墨参与综艺《超新星运动会》代表重庆队获得冰壶总决赛冠军，2021 年 12 月 17 日 into1 官方海外账号对此事发布相关推文，获得大量转发和点赞。

图 17 into1 官方账号对重庆进行宣传

偶像明星在社交平台上有着众多年轻粉丝，这些年轻粉丝有着较强的传播意愿和丰富的传播手段。根据偶像明星的相关活动，年轻粉丝们可以自发生产出丰富的内容并依靠强大的粉丝网络进行传播。

（六）热门推特作者

表 3

序号	Twitter作者	发推数	粉丝量
1	iChongqing	1470	147716
2	chinadaily	208	4343268
3	pdchina	151	7034950
4	cgtnofficial	141	13692536
5	xhnews	85	12558771
6	chinascience	29	1997654
7	bridging news	10	8551
8	homeadore	5	2252724
9	abc	3	16636298
10	cbsnews	3	8221260
11	telesurtv	3	2003841
12	kompascom	2	8132148
13	business	2	7731827
14	epicgames	2	4273940
15	tntsportsbr	2	3435389
16	rt_com	2	2974836
17	mediapart	2	2738990
18	afp	2	2066729
19	detikcom	1	16850009
20	newyorker	1	9029466

从热门作者分析可以看出，iChongqing、中国日报、人民日报、CGTN、新华网 2021 年对重庆的发推数量排名前五。其中，iChongqing 2021 年发布了

1470条关于重庆的热文，中国日报2021年发布了208条关于重庆的热文，人民日报发布了151条关于重庆的热文，CGTN 141条，新华网85条。中央外宣媒体在推特上拥有大量粉丝，对于塑造重庆形象起到了推动作用。此外，美国广播公司（abc）和电视广播网哥伦比亚广播公司（cbsnews）和法新社（afp）对重庆均有报道，其中积极的报道有助于提升重庆在海外的影响力。

七、研究发现

综合内容分析、大数据描述和主体传播实践分析，可以发现，一方面，重庆市作为主体在自我呈现方面具有以下三个主要特征：第一，专业团队外向型生产。该中心组建起近60人的海外传播专业队伍，有4名外籍员工，以贴近中国实际、贴近国际关切、贴近国外受众，促进国际传播与国际接轨为目的，实行“出口定制”，促进内容生产流程与国际接轨。操作流程为：外向选题——专业团队分析海外网民特点和关注热点，进行会商选题；外文原创——由具有海外经历人员或外籍专家直接生产外文产品；外专审核——由外籍语言专家审核文法；内控把关——实行“三审三校”，累计生产30000多条英文原创图文及视频。

第二，英文网站和海外社交账号双向引流。构建“1+N”即以iChongqing网站内容为中枢，形成与社交媒体互相引流的互动构架，其主要布局五大社交媒体平台为：Facebook、Twitter、YouTube、Instagram、LinkedIn。

以推特平台为例，重庆在海外社交平台上的城市传播策略与实践主要体现为以下四个方面。首先，构建国际社交网络，通过互动、内容合作等方式，与国际组织机构、中外使领馆、外交官员、国内外著名城市、CGTN等账号相互关联，汇聚合力，提升城市国际传播成效。除此之外，iChongqing的推特好友还包括众多具有国际影响力的意见领袖，如外交部发言人赵立坚、中国驻澳大利亚大使、资深时事评论员Tom Fowdy等。其次，发展推特直播，实现海外观众与主播间实时交流，打造体验式直播风格，创新联合直播玩法，带海外观众沉浸式云游重庆。最后，注重用户互动体验，通过回复和转载粉丝推文，发动推特粉丝的力量，收集推特内容素材和建议。对推特平台上粉丝日常参与进行评估，筛选出对重庆和中国题材热情高、互动积极的海外粉丝纳入私域流量池中，为其开通即时意见问题反馈通道，定制深度内容推送。

第三，建立外宣央媒和国际主流媒体合作传播机制。重庆国际传播中心与新华社、人民日报、CGTN、中国日报、国家外文局等外宣央媒建立日常工作对接制度，开展选题策划、采编协同、活动组织等合作。

第四，加强海外网络推广，提升平台影响力。重庆国际传播中心与Google、Facebook、Twitter、YouTube等互联网平台开展长期推广合作，提升优质内容的曝光率和阅读量。

另一方面，重庆市的国际形象在推特平台上的用户感知同样表现出三个特征：首先，重庆受关注度逐年上升，各主体关注点有所不同。根据编码统计结果可以发现，自2018年以来，重庆作为主体在国际舞台上的曝光度、受关注度都逐年提高，但不同主体之间的关注点存在明显区分。其中，国内官方媒体如人民日报、新华社等与国外个体受众发布相关推文数量占比分别为22%、15.6%，显著高于其他发布主体。发布内容方面，国内官方媒体多发布建筑景观（36.5%）推文，其次为市民行为规范（16.8%）、政府活动（14.4%）、自然景观（12.6%）、经济活动（7.8%）；而国外的个体受众则偏好发布企业形象（25.6%）、自然景观（23.3%）和建筑景观（20.1%）、市民行为规范（16.6%）和文艺活动（9.9%）；其他国家的媒体则主要关注政府活动（28.1%）、市民行为规范（17.2%）和自然景观（17.2%）。由此可见，除城市景观得到普遍关注，还较多呈现与重庆相关的市民形象。

其次，iChongqing推特账号为重庆在推特平台上的主要传播主体，但重庆本地传播主体间有效互动较少。2018年7月至今，iChongqing推特平台稳健成长，其围绕城市风光、历史人文、热点时事、政经新闻等多元化主题保持每日8—9条推文更新频率，发推总计11142条，收获海外关注人数14.7万，海外传播量7563万次，转评赞等互动量达705万次。在对推特上2021年1月1日—2021年12月31日之间发布的11329条关于重庆的有传播影响力推文的账号主体进行分析时发现，有1470条推特来自iChongqing账号发布的推文，约占12.98%。其中互动量超过100次的有106条，超过1000次的有20条。由此可见，iChongqing为构建重庆海外形象不断发声，是海外社交媒体上塑造重庆城市形象的主要传播主体。但一方面，相较于推特平台的庞大用户量以及中国其他官方媒体平台而言，体量仍然较小，与人民日报、新华社，以及其他城市在推特平台上的媒体账号之间的互动仍有待加强。重庆和国外媒体以及个体受众之间的互动也较为缺乏，"形"与"象"之间的有效互动亟须提高。

最后，重庆形象总体而言较为中性，但具体议题的情感倾向分化较大。具体来说，推特平台上有关重庆推文的情感倾向以中性为主（总体为中性的百分比），但是国外受众所表现出的负面情感倾向显著高于国内媒体和个体，且政府部门（55.6%）、政府活动（11.8%）、市民肖像（14.3%）、市民行为规范（13.9%）负面占比较高。而文艺活动、特色民宿和体育赛事等主题负面态度占比最少，正面态度占比最高。因此，政府形象是重庆形象建构中的薄弱环节，城市景观受关注度虽高，但也存在部分负面态度，市民肖像和文化形象则是需要关注的重点维度。

由此，可以发现尽管重庆市本身具有塑造城市形象、传递重庆声音的自觉和相关举措，其形象在国际舞台上的曝光度也不断提高，但是不同主体所呈现出的重庆城市形象具有不同的特点，受众对其情感倾向也有较为显著的差异。

八、结论与讨论

世界性的城市本身具有较强的国际传播能力和国际影响力，且在特色产业或领域具有一定国际话语权，城市也因此成为其所在国家形象的代表。作为工业化城市的典型，重庆在国际化进程中，首先面对着塑造良好的国际形象、扩大国际影响力的挑战。通过对重庆市在推特平台上的媒介形象呈现及重庆自身的国际传播实践的研究，本文发现其遵循着城市国际传播主体、客体和载体“三位一体”的客观规律：作为城市国际传播工作的主体，重庆市融入国家战略传播体系，履行国际传播主体责任；作为城市国际传播的“客体”，重庆市通过国际传播，向国际社会推介重庆，打造国际城市形象；作为城市国际传播的“载体”，重庆市要抓住自身在政治、经济、文化和城市建设等方面的典型特征，发挥其作为国家形象生动载体的作用，使重庆成为外国人认识中国的重要窗口。在实践层面，本文尝试在此基础上对重庆城市形象的国际传播提出以下策略、建议：

第一，发挥城市在国际传播中的主体性，加强媒体互动，打造传播生态。马克思在论述人的本质的对象化问题时涉及人类意义的主体性问题，认为“即使最美的音乐对于不辨音律的耳朵也毫无意义”。城市作为国家的一部分，在进行形象建构与传播时应考虑城市与国家、城市和城市之间的互动，形成跨地域媒体矩阵，打造传播生态。重庆应发挥好在“一带一路”和西部大开发中的重要作用，调用“一带一路”沿线国家的本地媒体和中国注资企业的平台资源，讲好中国的发展故事。同时也应与其他国家媒体、城市等建立良好互动关系，实现多层级、全方位的传播。iChongqing 作为重庆在海外传播的主阵地，是新闻信息的集合地，应在找准重庆城市定位的前提下挖掘具有传播价值、能够展现城市形象的内容，充分发挥内容生产的优势，并通过多方媒体对内容进行多级传播，扩大影响力。除此之外，应扩大 iChongqing 的关注范围，积极转发、评论其他媒体账号，增强彼此联系，提升自身曝光度。

第二，把握城市在国际传播中的客体关系，基于城市定位，把握受众偏好。与国家形象类似，城市形象也应注重“形”和“象”两个维度的建构，既要评估、分析城市自身的客观存在特征，又要准确把握受众对城市形象的感知，推动双方共同参与城市形象构建和调节的动态过程。从重庆在推特上的形象呈现的分析中可以发现，目前国外受众对重庆的关注聚焦在城市景观、文化形象和市民形象三个方面，相较于我国媒体平台上呈现出的城市景观、政府形象和经济形象更加生活化、更具可感知性。重庆城市形象的建构逐渐从突出特色民俗文化转向打造“网红城市”、旅游城市等标签。一方面，此类转向虽在一定程度上契合经济发展需求，吸引了部分年轻受众，但也表现出在传播实践中以“传者”为中心的倾向，忽略了广大受众对城市的主观感知和兴趣所在。另一方面，文化是城市的灵魂，是真正能够吸引人、打动人的内涵所在，是区别于其他国际性大城市的重要因素。重庆在寻找自身定位时，不应忽略城市自身的文化底蕴。城市形象的构建是“传者”与“受者”互动的过程，传者有内涵，受者有偏好，传播实践则是两者的桥梁，三者缺一不可。

第三，将城市作为国际传播的重要载体，抓住重大事件契机，塑造良好形象。运用好城市作为凝聚地方感的载体作用，继而上升到共同的民族感和国家感，实现一域关照全方位的目标。包括运动会、春节、电子竞技、两会等在内的文体活动、大型赛事是公众认识城市的重要窗口，应以重大事件为抓手，提升国际知名度，打造具有重庆特色的城市品牌，让城市“活”起来、“美”起来、“暖”起来。通过主动策划媒介事件，使 iChongqing 成为一手信息的传播源，展现出重庆特色。同时建立健全针对海外的危机事件回应机制，做好危机公关工作，敢于发声，保证信息传达及时、准确、全面，降低负面影响。要运用好城市作为凝聚地方感的载体作用，继而上升到共同的民族感和国家感，实现一域关照全方位的目标。

后　记

在各级领导、各方面专家以及重庆出版社、外文出版社、当代中国与世界研究院的协同支持下，本书得以顺利出版。姜辉同志给予高度重视并审定相关文稿。曹清尧、于运全同志主持编稿工作。中共重庆市委宣传部（重庆市政府新闻办）马然希、冯莉、胥奕、叶乔、周雪霁同志，重庆市对外文化交流协会赵宜胜、陈谋同志，西南政法大学人权研究院张永和、彭文庆同志，西南政法大学全球新闻与传播学院李韧、董清清同志，重庆国际传播学院刘国强、徐惊奇同志，重庆市政府外办翻译中心李洛曼、李佳颖、高翔同志等承担了大量基础工作。当代中国与世界研究院孙敬鑫、王丹、袁露芳、刘扬同志为本书提出宝贵意见。

特别是与会发言的各位专家学者，在百忙之中对本书文本进行修正完善，本书是他们的真知灼见和思想结晶。

在此，谨对所有为本书内容创作和编辑出版付出心血的同人表示衷心感谢！因编者水平所限，不足之处敬请读者批评指正。

编　者

2023 年 3 月